西北五省区旅游品牌共建、共享和评价研究

The Study on the Co-construction，Sharing and Evaluation of Tourism Brand in Northwest China

韩慧林　著

Han Huilin

中国财经出版传媒集团

经济科学出版社

Economic Science Press

图书在版编目（CIP）数据

西北五省区旅游品牌共建、共享和评价研究/韩慧林著. －－北京：经济科学出版社，2022.7
ISBN 978 - 7 - 5218 - 3842 - 8

Ⅰ.①西…　Ⅱ.①韩…　Ⅲ.①地方旅游业－品牌战略－研究报告－西北地区　Ⅳ.①F592.74

中国版本图书馆 CIP 数据核字（2022）第 120903 号

责任编辑：庞丽佳　常　胜
责任校对：蒋子明
责任印制：邱　天

西北五省区旅游品牌共建、共享和评价研究
韩慧林　著

经济科学出版社出版、发行　新华书店经销
社址：北京市海淀区阜成路甲 28 号　邮编：100142
总编部电话：010 - 88191217　发行部电话：010 - 88191522
网址：www. esp. com. cn
电子邮箱：esp@ esp. com. cn
天猫网店：经济科学出版社旗舰店
网址：http：//jjkxcbs. tmall. com
北京时捷印刷有限公司印装
710 × 1000　16 开　14 印张　250000 字
2022 年 7 月第 1 版　2022 年 7 月第 1 次印刷
ISBN 978 - 7 - 5218 - 3842 - 8　定价：56.00 元
（图书出现印装问题，本社负责调换。电话：010 - 88191510）
（版权所有　侵权必究　打击盗版　举报热线：010 - 88191661
QQ：2242791300　营销中心电话：010 - 88191537
电子邮箱：dbts@ esp. com. cn）

前　言

　　旅游学是将旅游活动这一社会现象作为研究对象，研究其产生、发展以及其所涉及的各项要素之间的相互关系变化规律的学科。近年来，随着旅游资源同质化现象越来越严重，旅游区域联手打造区域旅游品牌已成为一种趋势。

　　2013 年，随着国家"一带一路"倡议的提出，丝绸之路这一经典旅游品牌被赋予新内涵、产生新关注、面临新机遇。西北五省区（陕西省、甘肃省、宁夏回族自治区、青海省和新疆维吾尔自治区）作为国内丝绸之路的核心地带，由于地脉和文脉的相似性和传承性，客观上具有旅游合作的基础，完全可以将旅游资源进行整合和优化，释放旅游业发展潜能，进而提升整个西北五省区旅游品牌形象和竞争力。然而目前，历经了30多年推广的西北丝绸之路旅游品牌依然没有建立，沿线旅游资源没有得到有效整合，整个西北五省区旅游区"内耗"较大，未能从更高层次上形成战略互补与合力优势，成为旅游资源"大区"，旅游开发"小区"，品牌竞争"弱区"。因此，在"合而不同"的基础上，打造一个与千年古丝绸之路文化内涵相契合的区域旅游品牌形象是目前西北五省区旅游发展的当务之急。要实现该目标，不仅需要准确找出能够代表整个西北五省区旅游资源特质的公共品牌基因，更需要基于协调发展的视角构建西北五省区旅游品牌共享机制，以提升整个西北五省区旅游品牌的竞争力，促进区域内旅游经济的协调发展，进而形成品牌与旅游产业发展的良性互动。鉴于此，本书从品牌基因的视角深入探究西北五省区旅游品牌共享机制的构建，沿着"品牌共建—品牌共享—共享效果评价"的研究思路深入分析各个环节的实现过程。本书将研究范围从单个区域扩展到多个同质区域，扩展了区域旅游研究的空间范围，为解决多区域旅游合作提供了新的理论分析框架，从理论层面推进了区域旅游合作研究的纵深发展。通过本书的研究，不但能够助于诊断目前西北五省区旅游品牌营销战略的误区，为旅游目的地管理机构提供科学有效的品牌基因选择工具，还能够在一定程度上巩固和扩大丝绸之路品牌的文化内涵和影响力，促进西北五省区旅游经济的协调发展，对接和服务国家"一带一路"倡议。

本书的核心观点体现在三个方面：①在旅游市场上，随着旅游资源和产品同质化现象的日益加重，强势的旅游目的地品牌是提高游客吸引力和目的地竞争力的关键因素。②品牌基因是一个品牌所具有的核心特质，准确找出能够代表整个旅游目的地地方精神与核心价值的品牌基因，是塑造高知名度和美誉度区域旅游品牌的关键。③区域旅游品牌是区域内各利益主体共享的一个品牌，具有准公共物品属性，不可避免地会导致区域内各相关主体之间产生恶性竞争。因此，需要通过构建一个品牌共享机制来实现整个区域内旅游品牌的共建、共享，并促进区域内旅游经济的协调发展。

本书的研究得到了国家社科青年基金（17CGL026）的资助，同时，书稿写作过程中得到了北京开放大学事业发展部领导和同事的大力支持，特此向协助和支持本书写作的所有人员表示感谢。

目　录

第 1 章

导　　论

本章首先介绍本书的研究背景，分别从理论和实践两个方面阐述本书的写作意义，对书中所涉及的区域旅游品牌、旅游地格和目的地品牌基因等关键词进行界定。其次，明确本书的研究目标和内容，确立本书的研究框架和技术路线。最后，从四个方面详细阐述了本书的创新点，并简要说明了本书所涉及的规范和实证研究方法。

1.1　选题背景

1.1.1　当前有利的制度环境为旅游发展提供新的契机

随着旅游资源和产品同质化现象的日益严重，越来越多的旅游目的地开始注重品牌化建设，高知名度和美誉度的目的地品牌形象能够使其在旅游市场竞争中脱颖而出。目的地品牌的塑造和提升需要制度环境的保驾护航，有利的宏观制度环境能够为旅游目的地发展提供更多的生存和发展机会。丝绸之路历史悠久，丝绸之路旅游线是国家旅游局向全球最早推出的旅游线路之一，这种光环效应也引起了国内一些地区为了片面强调自身在丝绸之路线路中的起点、中心等地位的争论。随着"丝绸之路：长安——天山廊道的路网"申遗成功和国家"一带一路"倡议的纵深推进，丝绸之路这一经典旅游品牌被赋予新内涵、产生新关注、面临新机遇。2015 年 9 月，国家旅游局发布《关于开展"国家全域旅游示范区"创建工作的通知》，为西北旅游发展提供了新的思路。西北丝绸之路旅游区也应该秉承"全域"的发展理念，通过区域统筹、资源整合，形成跨省级区域的全域旅游，打造强势的西北五省区旅游品牌形象。

1.1.2 品牌基因缺失是现阶段目的地品牌化过程中存在的普遍问题

与人格相似，旅游目的地也有自己的"地格"。"地格"是一个地方的自然人文特征，具有地方特有、路径依赖和难以言传的特征，它体现为一个地方的地方精神与核心价值，是目的地品牌基因的来源（邹统钎，2016）。目前，我国很多旅游目的地在品牌化过程中缺失品牌基因，例如"宜春：一座叫春的城市""凉城利川、我靠重庆"等染黄、媚俗的品牌宣传口号随处可见。更离谱的是，国内很多旅游景点更是直接"复制""粘贴"许多国外著名景点，例如天津版佛罗伦萨小镇，杭州天都城版的巴黎，深圳版的因特拉肯小镇，等等，致使克隆的旅游目的地成为坊间笑谈，这也是目的地品牌化过程中品牌基因缺失的重要体现。实际上，早在 21 世纪初，一些世界著名的旅游国家和城市已经认识到在全球竞争下应充分挖掘自身的旅游特色，提炼自身品牌基因，例如"100% 纯净新西兰""不可思议的印度""非常新加坡"，等等，成为目的地品牌化的成功典范。可以看出，准确识别目的地品牌基因是目的地品牌化的关键，也是目的地核心竞争力的来源。西北五省区在"地脉"和"文脉"上具有相似性和传承性，客观上具备打造区域旅游品牌的基础，要塑造强势的西北五省区旅游品牌形象，需要准确提取和识别能够代表整个西北丝绸之路地方精神、地方依恋和核心价值的公共品牌基因，这是提升西北五省区旅游品牌竞争力的基础和关键。

1.1.3　品牌共享机制不健全致使西北五省区旅游品牌竞争力微弱

现阶段，整个西北丝绸之路区域的旅游发展基本还处于"诸侯经济"的格局，旅游潜力没有完全释放，区域旅游品牌竞争力欠缺。西北五省区处于国内丝绸之路的核心地带，经过千百年的发展，已经形成了"一损俱损、一荣俱荣"的共生系统，完全可以基于共同的"丝绸之路"品牌基因进行区域旅游品牌的整体塑造和提升，以打造强势的西北五省区旅游品牌形象。然而目前，西北五省区旅游合作有名无实，区域旅游资源开发散乱无序，品牌化机制不健全，致使整个西北五省区旅游品牌形象模糊，竞争力微弱。虽然近年来西北五省区在区域旅游合作上也做了一系列的探索和努力，如2015 年西北五省区等 12 个丝绸之路沿线省市旅游局共同成立了"丝绸之路旅游推广联盟"，随后由西北五省区主导的"丝绸之路文旅产业联盟""丝绸之路经济带品牌联盟"也相继成立，但由于缺乏完善的合作共享机制，大多都流于形式，致使整个西北丝绸之路旅游区"内耗"较大，未能从更高的战略层次上形成互补与合力优势。在这种背景下，通过构建西北五省区旅游品牌共享机制，提升整个西北五省区旅游品牌形象和竞争力，进而实现西北五省区旅游经济的协调发展，是解决现阶段西北五省区旅游发展的当务之急。

1.2　理论意义和现实意义

1.2.1　理论意义

（1）引入品牌基因理论，系统地探究区域旅游品牌的构建基础，拓展了目的地旅游品牌化的研究基础和内涵。本书基于品牌基因理论，利用"三力"（RAC）品牌基因筛选挖掘和提取西北丝绸之路的品牌基因，并以此为基础来研究区域旅游品牌的共建、共享问题，从一个新的视角探究了旅游目的地的品牌化过程，为后续学者进一步研究区域旅游品牌的构建基础提供了思路。

（2）构建了区域旅游品牌共享机制的理论框架。本书通过构建西北五省区旅游品牌共享机制，为学者们进一步研究区域旅游合作奠定了基础并提供了思路。本书沿着"品牌共建——品牌共享——共享效果评价"的逻辑来构建西北五省区旅游品牌共享机制，并深入分析各个环节的实现过程，为研究区域旅游合作提供了新的分析框架和思路。

（3）促进了区域旅游合作相关理论的纵深发展。本书提出以共享区域旅游品牌为纽带，通过共建、共享的方式进行区域旅游合作，并在合作过程中引入网络治理理论，对合作过程进行治理；同时，本书将研究范围从单个区域扩展到多个同质区域，扩展了区域旅游研究的空间范围，为解决多区域旅游合作提供了新的理论分析框架，从理论层面推进了区域旅游合作研究的纵深发展。

1.2.2　现实意义

本书虽然以理论研究为基础，但研究结论同样具有重要的实践意义，本书的实用价值具体体现在以下三个方面：

（1）有助于诊断目前西北五省区旅游品牌营销战略的误区。本书通过识别西北五省区旅游品牌的公共品牌基因，指出目前西北旅游目的地品牌营销错误的根源在于注重宣传而忽视了旅游资源特质，这为整体利益视角下西北五省区旅游品牌的塑造和提升提供了有价值的参考。

（2）为旅游目的地管理机构提供科学有效的品牌基因选择工具。本书通过案例分析，对研究团队构建的旅游目的地品牌基因选择"三力"（RAC）模型进行实际应用和检验，能够为旅游目的地品牌基因选择实践提供科学、系统、简单的操作工具，能够指导旅游目的地管理机构的品牌建设实践。

（3）推动西北五省区旅游品牌建设，服务国家"一带一路"倡议。通过本书的研究，有助于改变西北五省区旅游品牌长期以来定位混乱、旅游品牌形象模糊的现状，有利于巩固和扩大丝绸之路品牌的文化内涵和影响力，促进西北丝绸之路沿线旅游经济的协调发展，对接和服务国家"一带一路"倡议。

1.3 核心概念界定

1.3.1 区域旅游品牌

1998 年，在美国旅游与旅行协会（TTRA）组织的旅游论坛上，学者们首次提出和充分论证了将品牌引入旅游研究领域的必要性。随后，旅游目的地研究领域开始越来越多地关注品牌概念，并逐渐得到学者们的青睐。现有研究普遍将旅游目的地品牌界定为游客和众多利益相关者对特定旅游目的地的感知印象总和，体现了目的地所在区域旅游资源的自然和人文特征，传递了独特难忘的旅行体验（Melodena，2008）。区域旅游品牌是旅游目的地品牌的一种，是从一个区域、城市或城市集合而非单个景点、景区角度界定的旅游目的地品牌，是整个区域内旅游资源、基础设施、当地居民风貌等多种因素相互作用的综合体现，是区域旅游发展的核心竞争力（Blain et al.，2005；Henderson，2007）。随着旅游资源同质化现象越来越严重，旅游区域联手打造区域旅游品牌已成为一种必然趋势。强势的区域旅游品牌具有"光环效应"，能够带动整个区域内旅游目的地的发展，已经成为旅游目的地可持续发展的必然选择（Bornhorst et al.，2010）。特别地，本书所指的西北五省区旅游品牌属于区域旅游品牌的研究范畴，是整体视角下共享型区域旅游品牌的构念，是将西北五省区各旅游目的地（陕西省、甘肃省、宁夏回族自治区、青海省和新疆维吾尔自治区）作为一个整体进行考量。

1.3.2　旅游地格

"地格"是一个地方最本质的自然和人文特征体现，是形成地方核心竞争力的来源（邹统钎，2006）。"地格"概念的形成，最早可以追溯到"地方性"这一概念。地方性是一个时空的集合体，从时间维度来说，它在一定的文化背景下，通过历史事件积淀逐渐形成的；从空间维度来讲，它是在特定的地理环境下不同文化相融的结果（唐顺英和周尚意，2013）。近年来，在有关地格的相关研究中，地方依附逐渐成为热点，成为学者们研究地格的支撑点，例如格罗斯和布朗（Gross & Brown，2006）将地方依附引入旅游研究领域，构建了联结游客和地方的结构模型，发现地方依附是吸引游客前往的重要原因。罗和林（Luo & Lin，2014）从当地居民和游客两个视角对旅游目的地地格进行了探讨，认为当地居民所表现的地方特征是旅游目的地地格因子的重要来源，当地居民的民风民俗、生活习惯、语言体系等都是旅游目的地地格因子的核心构成。随着研究的深入，学者们逐渐发现，地方依附与游客出游决策之间有着直接的影响关系，如地方依附与游客忠诚、游客出游意愿、游客目的地评价等变量之间都存在显著的影响关系（Lee et al.，2012；Ramkissoon，2013；Cheng et al.，2013）。国内学者对于旅游地格的研究也逐渐成为体系，学者们主要是基于目的地的"文脉"和"地脉"思想提出的。学者们普遍认为旅游地格来源于旅游目的地的地方特质，是旅游目的地人文、历史、经济、地理等方面发展演化的结果（陈传康，1996；张鸿雁，2002）。随着研究的深入，邹统钎（2006、2020）认为，地格是以地脉为形、文脉为魂的综合体，地格是目的地品牌的基因库，体现为旅游目的地居民的生活方式、特征、游客的地方依恋以及地方能够为游客提供的核心价值。本书在已有学者研究的基础上，将旅游地格定义为"一个地方的自然人文特征，它体现为地方精神、地方依恋与核心价值，对目的地生活方式与环境有代表力、对客源地游客有吸引力、对竞争地有可持续竞争力的人文与自然特征因素，是旅游目的地品牌基因的来源"。

1.3.3　目的地品牌基因

"基因"（Gene）一词来自生物学领域，是各种生物体外在特征表现的内在本质或原因。为探究不同品牌的背后机理和特质，营销领域的学者们提出了"品牌基因"（Brand DNA）这一概念，以此来分析一个品牌的内在本质，但现有研究还较少涉及且尚未达成一致的概念（Konecnik & Gartner，2013；杨保军，2013）。科内克和高德纳（Konecnik & Gartner，2013）研究指出，品牌基因是创建品牌、形成品牌差异化特征并推动品牌成长发展的关键因子。国内学者张文泉（2012）认为，品牌基因是一个品牌区别于其他品牌的关键所在。杨保军（2013）进一步研究指出，品牌基因是产品属性的内在和外在双重体现，内在体现为产品所携带的知识体系和文化内涵，外在体现为品牌的定位和口号，是产品竞争优势的来源。本书基于现有的相关文献，认为旅游目的地品牌基因（Tourism Destination Brand DNA）是反映目的地旅游资源的核心特质，支撑旅游目的地竞争身份的品牌核心要素。

1.4　研究目标和内容

1.4.1　研究目标

本书的总体研究目标是通过构建西北五省区旅游品牌共享机制，实现西北五省区区域内旅游品牌的共建、共享，提升整个西北五省区旅游品牌形象和竞争力，进而促进西北五省区旅游经济的协调发展。具体来讲，可以分为三个子目标：①提取西北五省区的旅游地格因子，识别西北五省区旅游品牌基因，进行西北五省区旅游品牌共建和形象提升；②选择契合西北丝绸之路旅游发展的品牌共享模式，构建西北五省区旅游品牌共享机制；③构建西北五省区旅游品牌的评价指标体系和评价模型，为后续相关部门综合评价西北五省区旅游品牌共享机制的运行效果提供方法和手段。

1.4.2　研究内容

根据研究目标，本书的研究内容沿着"品牌共建——品牌共享——共享效果评价"的思路展开，具体可以细分为以下三个子研究：

研究一：西北五省区旅游品牌共建。

研究一是西北五省区旅游品牌基因提取和品牌共建。只有提取能够代表整个西北五省区旅游资源特质的公共品牌基因，才能充分调动西北五省区参与品牌共建的积极性。研究一分为三个步骤：①提取西北五省区旅游地格因子；②利用"三力"（RAC）品牌基因筛选模型识别西北五省区旅游品牌基因；③基于所提取的西北五省区旅游品牌基因，从共建目标、共建基础、共建主体和共建内容四个模块提出西北五省区旅游品牌的共建过程。

研究二：西北五省区旅游品牌共享。

研究二是"品牌共享"环节，是在研究一（品牌共建）的基础上，构建西北五省区旅游品牌共享机制。具体分为两个步骤：①西北五省区旅游品牌共享障碍分析。首先，利用新制度经济学的分析框架，对西北五省区旅游品牌的产权属性和外部性问题进行分析；其次，利用协调博弈的基本思想，描绘区域旅游合作的竞合关系，在此基础上提出西北五省区旅游品牌共享的可能性和内在动力。②西北五省区旅游品牌共享模式选择和共享机制构建。首先，基于共享经济的发展理念，通过对共享经济发展阶段的分析和案例讨论，选择契合西北五省区旅游品牌发展特色的品牌共享模式。其次，基于制度经济学理论和网络组织治理理论，构建西北五省区旅游品牌共享机制。

研究三：西北五省区旅游品牌共享效果评价。

研究三属于本书中"共享效果评价"环节，通过构建西北五省区旅游品牌的评价模型，为后续相关部门综合评价西北五省区旅游品牌共享机制的运行效果提供方法和手段。分为三个步骤：①评价指标体系构建。采用三级指标法构建西北五省区旅游品牌的评价指标体系。一级指标主要从游客感知（细分出"形象感知、心理感知"等二级指标以及下属的三级指标）、品牌构建（细分出"旅游资源、旅游设施、旅游服务"等二级指标以及下属的三级指标）和经济效果（将品牌产业绩效设为二级指标，并细分为"旅游总收入增长率、旅游接待人次增长率、旅游就业乘数"等三级指标）3 个方面反映。②指标权重设置和评价模型选择。本书采用模糊综合评判法对初步构建的指标体系进行优化和修正，在此基础上采用层次分析法（AHP）设置西北五省区旅游品牌评价指标体系的权重；最后，采用线性加权求和函数的方法确定西北五省区旅游品牌综合评价的计算公式，并参考《中国最佳旅游城市评定细则》中对旅游城市的评定结果分类，划分西北五省区旅游品牌的发展阶段。③利用所构建的西北五省区旅游品牌评价模型对现阶段西北五省区旅游品牌建设情况进行评价，确定现阶段西北五省区旅游品牌所处阶段，为后续比较分析西北五省区旅游品牌共享机制的运行效果做基础。

1.5 研究框架和技术路线

1.5.1 研究框架

基于上述研究目标和研究内容，本书分为 9 个章节，具体如下：

第 1 章，导论。本章首先介绍本书的研究背景，分别从理论和实践两个方面阐述本书的研究意义，对研究中所涉及的区域旅游品牌、旅游地格和目的地品牌基因等关键词进行界定。其次，明确本书的研究目标和内容，确立研究框架和技术路线。最后，从四个方面详细阐述了本书的创新点，并简要说明了本书所涉及的规范和实证研究方法。

第 2 章，文献综述。本章根据研究主题，分析和梳理已有学者的研究成果。首先，针对旅游目的地的概念和类型、旅游目的地评价因子和旅游目的地消费决策模式进行回顾。其次，对旅游目的地品牌的概念、旅游目的地品牌化的路径以及"地格"与目的地品牌化的关系进行了梳理。随后，对区域旅游合作和区域旅游品牌的相关研究进行回顾。最后，在已有研究的基础上，提出了本书的机会和切入点。

第 3 章，理论基础。本章针对研究中重点运用的相关理论进行阐述，首先是结合研究对象对外部性理论与产权属性理论、网络治理理论、目的地品牌化理论进行回顾。其次，基于"地格"视角构建了"三力"（RAC）品牌基因筛选模型。随后，详细说明了西北五省区旅游品牌基因提取的步骤。这部分是后续章节开展理论探讨和研究设计的基础。

第 4 章，西北五省区区域旅游合作现状分析。本章对西北五省区的旅游合作现状进行分析。具体来讲，首先从西北五省区旅游资源概况、城市发展状况和品牌发展现状进行分析。其次，对西北五省区区域旅游合作的现实条件进行分析。随后，从文化交流、产业突破和支撑体系完善三个方面探讨西北五省区旅游合作的意义。最后，从合作手段、合作层次、基础设施共享情况等几个方面分析了西北五省区旅游合作共享现状。通过本章的研究，能够全面了解西北五省区旅游合作情况，对后续章节开展西北五省区旅游品牌共享机制构建和政策建议的提出奠定基础。

第 5 章，西北五省区目的地制度性效应分析。本章以西北五省区为研究对象，置于现有的国家实施和推进"一带一路"倡议的制度环境，系统地分析目的地制度性行为的转化过程，重点探究西北五省区旅游目的地的制度性行为能否真正提升目的地品牌资产，为现阶段西北五省区旅游目的地对接和服务国家"一带一路"倡议提供理论和实证支撑。

第 6 章，西北五省区旅游品牌基因选择和品牌共建。本章首先对西北五省区旅游品牌基因进行提取和识别，这是品牌共建的基础，只有提取能够代表整个西北丝绸之路地方精神和核心价值的公共品牌基因，才能从整体上塑造强势的西北五省区旅游品牌形象。其次，基于西北五省区旅游品牌基因，从共建目标、共建基础、共建主体和共建内容四个模块分析了西北五省区旅游品牌的共建过程。本章是后续章节开展西北五省区旅游品牌共享机制构建和共享效果评价的前提和基础。

第7章，西北五省区旅游品牌共享机制构建。本章首先基于新制度经济学视角对西北五省区旅游品牌的共享障碍进行分析，重点采用协调博弈模型对区域旅游合作中的竞争和合作关系进行分析，深入探究西北五省区区域旅游合作的可能性和动力。其次，依据共享经济发展理论，选择契合西北五省区旅游品牌发展特色的品牌共享模式。最后，从制度经济学视角，构建西北五省区旅游品牌的共享机制，并利用网络组织的相关理论探讨共享过程的治理。

第8章，西北五省区旅游品牌评价模型构建。本章首先构建了西北五省区旅游品牌的评价指标体系，对评价指标的构建原则、构建思路和构建路径进行分析。其次，采用模糊综合评判法对初步构建的指标体系进行优化和修正，在此基础上采用层次分析法（AHP）设置西北五省区旅游品牌评价指标体系的权重。最后，确立评价模型，采用线性加权求和函数的方法确定西北五省区旅游品牌综合评价的计算公式，划分西北五省区旅游品牌的发展阶段；利用所构建的西北五省区旅游品牌评价模型对现阶段西北五省区旅游品牌建设情况进行评价，确定现阶段西北五省区旅游品牌所处阶段，为后续比较分析西北五省区旅游品牌共享机制的运行效果做基础。

第9章，政策建议和研究展望。本章首先针对目前西北五省区旅游品牌的现状和问题，在对西北五省区旅游品牌的共建、共享等相关问题研究的基础上，从完善基础设施、健全法律法规、加强高层次合作等方面搭建西北五省区旅游品牌的支撑体系。随后，介绍了本书的局限之处，并提出了后续的研究方向。

1.5.2　技术路线

本书沿着"品牌共建——品牌共享——共享效果评价"的总体思路进行，在把握丝绸之路旅游品牌现状的基础上，融合现代旅游学、管理学与经济学理论，运用"三力"（RAC）评价模型、博弈均衡模型、层级分析法等方法，通过识别西北五省区旅游品牌基因、构建品牌共享机制、评价品牌共享效果，实现整个区域内旅游品牌的共建、共享，促进西北丝绸之路旅游经济的协调发展。研究技术路线图如图 1-1 所示。

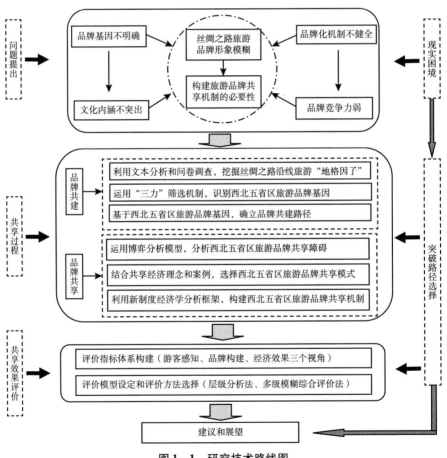

图 1-1　研究技术路线图

1.6 研究方法和创新点

1.6.1 研究方法

（1）规范研究：主要包括文献分析、归纳总结等，具体运用如下：①基于文献梳理构建本书的研究框架，在此基础上从理论层面推导目的地品牌基因的筛选机制。②结合新制度经济学理论，对西北五省区旅游品牌的共享障碍进行分析。③归纳总结本书的研究结论，提出实现西北丝绸之路旅游经济协调发展的政策与建议。

（2）实证研究：主要采用多元回归、文本分析、问卷调查、博弈分析、构建数学模型和评价指标体系等方法。具体而言：①通过层级回归模型对西北五省区的目的地制度性行为效应进行检验。②采用文本分析法对地格因子进行初步筛选，采用问卷调查法对地格因子进一步提取和净化。③采用模糊综合评判法构建西北五省区旅游品牌评价指标体系，并进行优化和修正。④利用博弈论推演合作成员之间的竞争与合作关系。可以看出，本书采用了多种实证研究的方法支撑了研究过程和结果。

1.6.2 研究创新点

（1）构建了区域旅游品牌共享机制的理论框架。目前针对区域旅游合作的研究多集中在合作机制、合作模式等治理结构层面，本书从品牌视角通过构建品牌共享机制来探究区域旅游合作问题，从一个新的视角丰富了区域旅游的相关研究。

（2）探究了区域旅游品牌的构建基础。目前学者们主要从品牌的维度或要素来分析区域旅游品牌的构建问题。本书引入品牌基因观点，创新性地从品牌基因的角度搭建了区域旅游品牌的构建基础，拓展旅游目的地品牌化研究的理论基础，为品牌建设的实践提供新思路。

（3）为旅游目的地管理机构提供科学有效的品牌基因选择工具。本书通过案例分析，对研究团队构建的旅游目的地品牌基因选择"三力"（RAC）模型进行实际应用和检验，能够为旅游目的地品牌基因选择实践提供科学、系统、简单的操作工具。

（4）对线性遗产型旅游目的地的品牌建设进行探索性研究。遗产廊道是一种时空连续、文化丰富的旅游目的地，在品牌建设方面与一般旅游目的地有很大不同。本书通过对西北五省区旅游品牌的深入系统研究，对线性遗产型旅游目的地的品牌建设做了探索性研究。

第 2 章

文 献 综 述

本章根据本书的研究主题，分析和梳理了已有的学者研究成果。首先，针对旅游目的地的概念和类型、旅游目的地评价因子和旅游目的地消费决策模式进行回顾。其次，对旅游目的地品牌的概念、旅游目的地品牌化的路径以及"地格"与目的地品牌化的关系进行了梳理。随后，对区域旅游合作和区域旅游品牌的相关研究进行回顾。最后，在已有研究的基础上，提出了本书的机会和切入点。

2.1　旅游目的地相关研究

2.1.1　旅游目的地的概念和分类

1. 旅游目的地的概念

旅游目的地（Tourism Destination）的相关研究始于 20 世纪 70 年代。在早期国外学者的研究中，"目的地地带"被作为旅游目的地的替代概念提出，这也是旅游目的地研究的开端和雏形（Gunn，1972）。随着旅游目的地实践的发展和推进，学术界开始对旅游目的地进行全方位的探究，旅游目的地的概念也开始明朗化。1992 年，世界旅游环境中心将旅游目的地的概念界定为"旅游目的地可以是一个乡村、旅游度假区、海滨沙滩或山岳休假地等，该区域通过实施特别的管理政策和运作规则，确保游客旅行顺利和安全"。英国学者布哈利斯（Buhalis，1983）早期的研究中，将旅游目的地的概念界定为"旅游目的地是以满足游客旅行需求为目的的完整地理区域，该区域内有统一的目的地运行管理规则和相应的组织机构，能够保证目的地日常运作"。一般来讲，国外学者对旅游目的地概念的界定更多关注的是目的地满足游客需求的能力和目的地本身的规范性。

国内学者对旅游目的地的研究起步较晚，始于 20 世纪 90 年代后期，主要是基于国外学者的研究，但在研究侧重点上与国外学者有所不同。在具体研究中，国内学者对旅游目的地的针对性研究较少，一般是作为某个研究问题的副产品提出的。中山大学教授保继刚等（1996）认为，旅游目的地是旅游资源、旅游基础设施等相关要素的集合地，其中旅游资源是基础，旅游基础设施是保障，目的是满足游客的住宿、娱乐、购物等旅行需求。随后，魏小安和厉新建（2003）对旅游目的地的定义更为简明，他们认为旅游目的地应该从目的地效应的角度进行界定，认为旅游目的地就是为了满足游客终极旅行目的的地点，其类型有多种多样，但只要致力于满足目标市场上游客需求的地点都可以成为旅游目的地。随着游客需求的个性化发展，学者邹统钎（2006）从游客体验的角度对旅游目的地进行了界定，他认为旅游目的地是一个感性的概念，是游客视角下旅游体验的反映，它为游客提供旅游产品和服务的合成品，主要目的是提升游客旅行体验的满意度。同时，他还指出，旅游目的地的核心要素有两点，即旅游吸引物和人类聚落，旅游目的地首先必须具备对客源地的吸引力，拥有自身的旅游资源特色。其次，旅游目的地还需要有一定数量的居民和配套基础设施，能够满足游客体验当地生活方式和住宿需求，单个景点在严格意义上不属于旅游目的地。可以看出国内学者对旅游目的地的研究更强调目的地的空间集合关系，这种状况与当前国内旅游市场实行的政府主导模式有很大关系。目前，国际旅游市场已经呈现出一种高度市场化和产业化的发展态势，市场在旅游资源配置中占有绝对的主体地位，政府作为一种特殊的旅游组织形式，在旅游发展中只承担协调者的角色。随着国内国际旅游业的逐步融合，相信国内外学者们对旅游业及其规律的认识也将趋于一致。

2. 旅游目的地类型

一般来讲，旅游目的地可以从行政区域、游客需求、资源类型、空间格局、功能用途、开发时期、构成特征等几个标准进行划分。具体类型见表 2-1。

表 2-1 旅游目的地类型

划分标准	划分内容
行政区域	国家级旅游目的地、省级旅游目的地、市（县）级旅游目的地、景区型旅游目的地
旅游者需求	观光型旅游目的地、休闲度假型旅游目的地、商务型旅游目的地、特种旅游型目的地
旅游资源类型	自然山水型、都市商务型、乡野田园型、宗教历史型、民族民俗型、古城古镇型
旅游目的地空间构成形态	板块型旅游目的地和点线型旅游目的地
旅游目的地主要功能与用途	经济开发型旅游目的地与资源保护型旅游目的地
开发时间和发展程度	传统旅游目的地和新兴旅游目的地
旅游目的地构成特征	旅游城市与旅游景区（点）

2.1.2 旅游目的地评价因子

旅游目的地评价因子是构成旅游目的地的核心要素，也是旅游目的地的评价维度。目前，有关旅游目的地评价因子的研究相对成熟，在研究方法上也从单一的定性分析演化为采用灰色聚落、模糊评价等方法的量化研究。表2-2列示了一些有关旅游目的地评价的代表性文献。可以看出，旅游目的地的评价因子有很多种，学者们研究侧重点的不同会导致其所提出的评价因子有所差别。

表 2 - 2　　　　　　　　　　　　**旅游评价因子文献梳理**

作者	评价因子及方法
钱妙芬和叶梅 （1996）	评价因子：旅游气候宜人度，包括舒适度和清洁度 2 个一级因子，其中舒适度因子包括气压、风冷、晴冷、温湿 4 个二级因子，清洁度因子包括二氧化硫、氮氧化物、飘尘 3 个二级因子。 评价方法：建立数学模型，采用统计年鉴资料
Gigović 等 （2016）	生态旅游地评价：包括地形、自然、环境、经济社会 4 个二级因子，其中地形下设海拔、坡度、相位、景观欣赏区；自然包括温度、降水、地表地质、地表土囊；环境下设植被类型和密度、土地利用类型、保护区和脆弱区、距离水源的距离；经济社会下设距定居点的距离、距离道路的距离、距离文化景观的距离、距离其他消极要素的距离。 评价方法：GIS - Fuzzy DEMATEL MCDA 模型
Zhang 等 （2016）	评价因子：对森林自然保护区从自然保护区特征、自然和文化价值、生态环境价值和社会经济价值四个方面评价，特征下设规模、等级、原创性 3 个因子；自然和文化价值下设地理景观、水景、生物景观、文化遗迹、民风民俗 5 个因子；生态环境价值下设气候价值、空气价值、地表水质、空气负氧离子含量、森林覆盖率；社会经济价值下设教育价值、科研价值和经济价值。 研究方法：灰色聚类模型
Ethos（1991）	评价因子包括三个方面：生态环境（地貌、天气、植物）、人类要素（土地类型和可进入性）和自然资源要素（林、矿、渔、野生动植物、视觉景观、文化遗产）
Ceballo（1996）	评价因子：景色、地形、水运航道、植物、动物、文化遗产
Deng 等 （2002）	旅游目的地资源包括自然资源和人文资源：人文资源包括建筑、宗教、历史；自然资源包括环境的和物理的，环境的下设卫生（自然、物理、生物）、舒适、安全（自然和社会）3 个因子，物理的包括气象、水、山、动物群、植物群

2.1.3　旅游目的地消费决策模式

　　游客在旅游决策中会受到多种因素的影响，既有游客自身的"推力"因素，如游客的经济基础、闲暇时间、旅游动机等因素，也有目的地的"拉力"因素，如目的地的旅游资源和产品、旅游配套基础设施、服务水平等因素。一般来讲，在游客"推力"因素既定的情况下，目的地的"拉力"因素成为影响游客是否"到此一游"的关键。游客会在众多的旅游目的地中进行比较和选择，在这过程中旅游目的地品牌的知名度和美誉度将成为影响游客出游意向的关键变量（Shin，1986）。

1. 旅游目的地选择的过程模式

1977 年，学者克朗普顿（Crompton）较为完整地构建了游客视角下的旅游目的地选择过程模式。该模式将游客的目的地选择过程分为两个步骤，首先是游客基于自身已有的旅行知识、经验及需求动机对目的地作出的属性判断，这是游客目的地选择的第一步；第二步是游客在众多的旅游目的地中选择契合自身需求特点的最佳旅游目的地。克朗普顿（Crompton，1997）的观点更多强调旅游目的地资源属性的重要性，强调游客在目的地选择过程中会更多地关注旅游目的地的资源是否丰富，种类是否多样以及基础设施是否完善等方面。随后，斯恩（Shin，1986）通过案例研究发现，旅游目的地的资源属性并不是影响游客选择该目的地的主要原因，游客更关注旅游体验，体验目的地当地的生活方式逐渐成为游客出行的一大诉求。1990 年，乌姆和克朗普顿（Um & Crompton）在已有研究的基础上，提出了修正的游客目的地选择过程模式，即第二阶段的游客目的地决策模式，这是对克朗普顿1977 年提出的决策模式的进一步修正。乌姆和克朗普顿（Um & Crompton）还专门构建了沿着"外部输入"——"认知架构"——"内部输入"思路进行的完整的旅游目的地选择过程模式，具体过程见图 2 - 1。

2. 旅游目的地认知与选择的综合模式

早期，学者们如克朗普顿（Crompton，1997）提出的旅游目的地选择过程模式考虑的因素较少，决策过程较为简单。与之相对应的是，1989 年，伍德赛德和莱森斯基（Woodside & Lysonski）提出了旅游目的地认知与选择的综合模式，这一模式开始注意到游客决策的复杂性，认为游客对特定目的地的评价受到内外两类变量的驱动，变量的构成要素也更为复杂，这一模式得到了学者们的普遍认同。伍德赛德和莱森斯基（Woodside & Lysonski，1989）构建的旅游目的地认知与选择综合模式见图 2 - 2。在该模式中，他们将游客的目的地认知划分为四个区域，即"考虑域""有无知觉域""惰性域"和"排除域"，不同的区域代表游客对目的地的态度，直接影响游客对该目的地的评价和选择，如"排除域"则直接表明游客不会选择去该目的地出游。

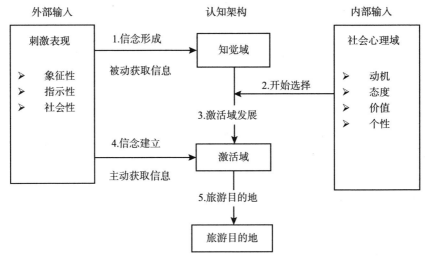

图2-1 旅游目的地选择过程模式

资料来源：Um S. Crompton J L. Attitude determinants in tourism destination choice［J］. Annals of Tourism Research, 1990, 17 (3)：432 - 448.

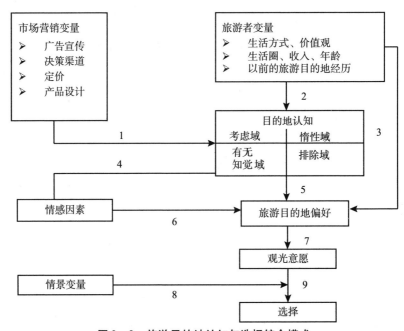

图2-2 旅游目的地认知与选择综合模式

资料来源：Woodside A G, Lysonski S. A general model of traveler destination choice［J］. Journal of Travel Research, 1989, 27 (4)：8 - 14.

2.2　旅游目的地品牌相关研究

2.2.1　旅游目的地品牌的概念

1998 年，在美国旅游与旅行协会（TTRA）组织的旅游论坛上，学者们首次提出了将品牌引入旅游研究领域的必要性。随后，旅游营销研究领域开始引入品牌概念，并逐渐成为学者们的研究热点。旅游目的地品牌（Tourism Destination Brand）是旅游者和众多利益相关者对旅游目的地内在印象的积累，体现了目的地所在区域的风情风貌，传递了独特难忘的关于旅游目的地的旅游体验承诺（Ritchie & Ritchie，1998；Blain et al.，2005），这是需求视角下目的地品牌的概念界定。还有一部分学者从供给视角对旅游目的地品牌进行了界定，例如蔡（Cai，2002）的研究指出，旅游目的地品牌是目的地经营管理者通过设计品牌名称、口号、标语等品牌要素进行品牌的推广营销过程。实际上，在早期研究中，学者们对目的地品牌和目的地形象的界定并不明确，例如甘恩（Gunn，1972）最早将目的地形象分为原生形象和引致形象两种。其中，原生形象是潜在游客基于新闻报道或自身已有的知识和经验形成的对目的地的第一印象，是内生的；而引致形象是指目的地有意识的商业广告、宣传促销的推动影响而产生的形象。现如今，旅游目的地竞争已经从简单的资源和产品竞争转向品牌竞争，目的地品牌化建设的重要性逐渐突显，强势的旅游目的地品牌能够在市场竞争中获得更多生存和发展的机会。

2.2.2　旅游目的地品牌化

旅游目的地品牌化（Tourism Destination Branding）是通过系统的市场营

销活动塑造高知名度和美誉度的目的地品牌的过程。目前，随着旅游消费的升级和旅游资源同质化现象越来越明显，目的地品牌化逐渐成为旅游目的地经营和管理者关注的重点，并成为重要的营销手段。

学者们对旅游目的地品牌化的研究主要集中在三个方面：第一，旅游目的地品牌化的目标与驱动力。明确目的地品牌化的目标和驱动力是开展品牌化的第一步。尽管目的地品牌化的目标可以有很多，但其最直接的目的是增加旅游竞争力（Leonardo & Siu，2012）。阿吉拉尔等（Aguilar et al.，2014）进一步指出，旅游目的地品牌化的最终目的是形成独特的品牌定位，塑造独特鲜明的目的地品牌个性，满足游客的多样化和个性化需求。第二，旅游目的地品牌化的运行过程。目的地品牌化的运行过程是具体的品牌化营销活动的开展过程和步骤。贝克（Baker，2009）研究认为，旅游目的地品牌化的步骤不是唯一的，应该结合旅游目的地品牌的实际情况适当调整，但总体来讲目的地品牌定位应该成为旅游目的地品牌化的第一个步骤。格里洛特（Grillot，2007）研究指出，旅游目的地品牌化步骤应该分为三个阶段，首先需要根据现有的旅游市场竞争格局，识别目的地的身份，其次是目的地的定位，即根据自身的旅游资源特质和基础条件在众多身份中选择一个最主要的身份，最后是根据身份特质和定位理念选择立体化的传播渠道。而哈德逊和里奇（Hudson & Ritchie，2009）则认为，旅游目的地品牌化过程应该包括目的地品牌定位、品牌设计、品牌传播和品牌管理四个步骤，这一观点也得到了大多数学者的认可。第三，旅游目的地品牌化存在的障碍和问题。目的地品牌化是一个系统的营销活动，从品牌化目标制定到最终实现目的地品牌化会经历很多营销环节，每个环节都可能会面临困难和障碍。例如目的地品牌化过程中利益相关者的意见冲突、旅游资源同质化、品牌传播渠道困难等问题，里奇和里奇（Ritchie & Ritchie，1998）、汉金森（Hankinson，2007）、摩根等（Morgan et al.，2003）、皮克（Pike，2005）等学者的研究都涉及过这方面的探讨。国内学者对目的地品牌化的研究起步较晚，还处于初步探索阶段。一般是结合具体的案例进行的研究，并多数采用文献综述的形式对国外学者有关目的地品牌化的研究成果进行梳理，且持续性研究相对较少。

2.2.3　"地格"与旅游目的地品牌基因

"地格"是一个地方最本质的自然和人文特征体现，是形成地方核心竞争力的来源（邹统钎，2006）。品牌基因是创建品牌、形成品牌差异化特征并推动品牌成长发展的关键因子（Konecnik & Gartner，2013）。邹统钎（2016、2020）研究认为，目的地品牌基因源于当地的旅游地格。虽然学术界关于地格的研究开始丰富，但对品牌基因的研究尚处于起步阶段，截至2021 年 11 月，基于 Web of Science，以 "Brand Gene" 和 "Destination DNA" 为主题词对国外相关文献进行检索，相关性较强的文献仅有 53 篇，数量相对较少。国内学者对有关目的地品牌基因的研究更为有限，还处于起步阶段。但从地格和目的地品牌基因二者的关系来看，现有研究已经明确目的地品牌基因源于旅游目的地的地格，这为本书提供了理论支撑。

随着旅游市场竞争的加剧，目的地品牌化成为一种趋势，强势的目的地品牌形象能够使旅游目的地在竞争中脱颖而出。因此，基于地方特质的目的地品牌塑造成为现阶段旅游目的地发展的一个重要手段。实际上，与产品类似，目的地同样需要品牌塑造。产品质量是产品品牌塑造的基础。与之类似，目的地的旅游资源也是目的地品牌塑造的来源和基础。旅游资源包括很多方面，有很多有形要素，如旅游产品、旅游基础设施等，也包括一些无形要素，如当地居民的生活方式、语言体系、目的地文化历史等，这些旅游资源都具有地方特有性，构成了目的地的旅游地格，成为目的地品牌的基因库。根据皮克（Pike，2009）的研究，国际上 70% 游客的旅游目的地只集中在十个国家，其余国家的旅游目的地只占领剩余 30% 的市场。因此，国际旅游市场竞争很激烈，旅游目的地要想在竞争激烈的旅游市场中获得生产和发展，必须具有地方特质，个性化的旅游目的地才能吸引游客前往（邹统钎，2012）。国内外有许多旅游目的地品牌是基于当地的旅游地格塑造成功的，经典案例见表 2 - 3。

表 2 - 3　　　　　　　　　基于"地格"的旅游目的地品牌案例

国家、城市或地区	目的地旅游品牌口号
Amsterdam 阿姆斯特丹	Capital of Inspiration 灵感之都
Australia 澳大利亚	A Different Light 绝美风光
Copenhagen 哥本哈根	Wonderful Copenhagen 精彩的哥本哈根
Costa Rica 哥斯达黎加	No Artificial Ingredients 纯天然
Cyprus 塞浦路斯	The Island for All Seasons 四季皆宜之岛
Hangzhou 杭州	Oriental Capital of Leisure, City of Quality Life 地方休闲之都，生活质量之城
India 印度	Incredible India 不可思议的印度
Malaysia 马来西亚	Truly Asia! 真正的亚洲！
New Zealand 新西兰	100% Pure New Zealand 100％纯净新西兰
Paris 巴黎	Paris is for Lovers 巴黎是情人天堂
Peru 秘鲁	Land of the Incas 印加人的家园
Scotland 苏格兰	Silicon Glen 硅谷；Home of Golf 高尔夫之乡
Shandong 山东	Friendly Shandong 好客山东
Singapore 新加坡	Live It Up in Singapore 尽情享受在新加坡
Spain 西班牙	Everything Under The Sun 阳光普照
Switzerland 瑞士	Get Nature 自然本色
Thailand 泰国	Land of Smiles 微笑王国

2.3　区域旅游相关研究

　　由于本书的研究对象是我国西北五省区古丝绸之路沿线区域，属于区域旅游的研究范畴。目前，国内外学者们有关区域旅游的研究主要围绕着区域旅游合作和区域旅游品牌两个方面进行展开。

2.3.1 区域旅游合作

随着旅游市场竞争的加剧和旅游产业的转型升级，区域旅游合作已经成为一种趋势。区域旅游合作是区域内合作主体依据一定的原则和规定通过联合协作的形式进行的旅游经济活动，区域旅游合作的内容可以是资源开发，也可以是基础设施建设或其他与旅游相关的经济活动（Cawley & Gillmor，2008）。国外学者针对区域旅游合作的研究主要聚焦于三个方面：第一，区域旅游合作的理论探讨。早期学者对区域旅游合作的研究一般是定性探讨，塞林和比森（Selin & Beason，1991）在对区域旅游合作研究时，主要是探讨了区域旅游合作中合作主体之间的角色和地位，并认为充分调动合作主体的积极性是区域旅游合作成果的关键；随后，贾马尔和格茨（Jamal & Getz，1995）基于外部性理论、合作共生理论等区域旅游合作的基础理论，构建了区域旅游合作的动态机制，认为区域旅游的合作方式和运行机制不是一成不变的，需要根据旅游市场的需求情况进行动态调整和适应；彻内克（Czernek，2013）对区域旅游合作的研究更为详细和全面，他针对区域旅游合作的特点，对区域旅游的合作内容和合作框架进行了全面的论述。第二，区域旅游合作的范围和途径。区域旅游合作的途径和范围也是国外学者比较关注的研究领域，这方面的研究主要从区域旅游合作的具体操作层面入手，涉及区域旅游合作的方式、对象等。例如艾斯（Aas，2005）探究了区域旅游合作中旅游基础设施的建设问题，认为合作主体应该通过联合融资的形式进行整个区域内旅游基础设施的升级换代；马奇和威尔金森（March & Wilkinson，2009）的研究也是更多地关注区域旅游合作的实际开展，认为区域旅游合作中最关键的是合作主体进行统一的旅游规划和管理，协同视角下的营销推广也不能忽视。第三，区域旅游的合作模式。合作模式的探讨是区域旅游合作研究的重心，这方面的研究成果相对丰富，学者们基于不同的研究视角提出了多种合作模式，主要目的是通过共性视角下合作模式的构建，指导具体的区域旅游合作实践。例如，蒂莫西（Timothy，1999）提出了五种区域合作模式，即异化、共存、联营、协作和一体化；阿罗约等（Araujo et al.，2002）认为区域旅游合作模式应该更关注合作主体之间的利益关系，并构建了一个关注合作关系及过程的综合型合作模式；瓦茨（Watts，2009）采用案例研究法，通过对英国约克郡旅游发展情况进行分析，提出了基于网络组织理论的区域旅游合作模式。

国内相关研究可以归纳为两个方面：第一，区域旅游的合作机制。宋子千（2008）基于系统动力视角，全面分析和解读了区域旅游合作的内外驱动力，并在此基础上构建了区域旅游合作的动力机制。龚胜生等（2014）从利益分配的视角构建了区域旅游合作机制，认为区域旅游合作能否顺利推进主要依赖于利益机制是否完善，这也是确保区域旅游合作顺利开展的基础。第二，区域旅游的合作模式。学者们基于不同的视角提出了多种合作模式，如李松柏（2014）以竞合模式为基础，提出了战略联盟模式；徐淑梅等（2011）提出了大区域范围内的"四级"合作模式；杨荣斌等（2005）提出的区域旅游合作模式更具有代表性，得到了学者们的较高认同，他在前人研究的基础上，从空间视角提出了区域旅游合作的五种模式，即点——轴发展模式、单核辐射模式、双核联动模式、核心——边缘模式以及网络型模式，为空间结构视角下区域合作模式的研究奠定了基础。

可以看出，目前区域旅游合作方面的研究多集中在合作机制、合作模式等治理结构层面，从品牌视角探究如何实现区域优化发展的研究很少，而随着旅游资源同质化现象的日益加重，区域旅游合作不仅取决于有效的治理结构，更依赖于有序的品牌化。

2.3.2　区域旅游品牌

20 世纪 80 年代以来，在有关旅游目的地的研究中，区域旅游合作和旅游目的地品牌化两个研究主题得到了学术界的广泛关注，但学者们对区域旅游品牌的研究尚处于起步阶段，研究成果还不够系统。区域旅游品牌是目的地品牌的一个分支，是从一个区域或城市而非单个旅游景点、景区角度来研究目的地品牌，是区域内各种旅游资源、基础设施、生态环境、居民素质等多种因素相互作用的综合体现（Henderson，2007）。总体来讲，国外相关研究主要集中在两个方面：第一，区域旅游品牌的战略地位。例如，里昂和劳（Leung & Law，2010）研究指出，消费升级驱动下，游客更加关注旅行体验，也更加注重目的地品牌形象，区域联手打造旅游品牌已经成为旅游发展的一个趋势；贝舍雷尔（Becherel，2001）、博恩霍斯特等（Bornhorst et al.，2010）的研究也认为，区域旅游品牌是避免旅游资源同质化竞争的重要手段，也是提升区域旅游核心竞争力的关键。第二，区域旅游品牌的构建。早期学者高斯（Goths，1999）指出，区域旅游品牌的塑造应该基于区域旅游资源特色，是区域内旅游资源整合和推广的结果。约曼等（Yeoman et al.，2005）、考克斯和雷伊（Cox & Wray，2011）研究认为，区域旅游品牌的构建必须要与该区域的自然资源和人文特质相协调，这样才能避免区域旅游品牌的雷同。

国内学者对区域旅游品牌的研究还处于起步阶段，以"区域旅游品牌"为关键词在"中国知网"进行检索，学术文章仅有 83 篇，高度相关的仅有 36 篇。总体来讲，国内学者对区域旅游品牌的研究主要集中在两个方面：首先，探究区域旅游品牌的重要性。在相关研究中，部分学者定性地分析了区域旅游品牌的重要性，认为区域旅游品牌是提升区域旅游竞争力的重要手段，例如学者雷国雄（2005）、庞笑笑（2014）、姚建惠和荆婵（2016）的研究都涉及了区域旅游品牌的重要性探讨。其次，分析区域旅游品牌的构建问题。区域旅游品牌构建研究是国内学者关注的重点，例如王兆峰（2007）从产业经济学视角构建了区域旅游品牌的影响因素模型；李金龙和李朝辉（2011）基于新制度经济学分析框架，论证了在区域旅游品牌塑造过程中地方政府的主体地位，认为地方政府在区域旅游品牌塑造过程中可以充当宏观监督和微观参与两种角色；许峰等（2013）采用案例研究法，以山东区域旅游品牌构建为例，分析了区域旅游品牌构建的步骤和框架。

可以看出，目前有关区域旅游品牌的研究，多数文献侧重于其构建模式的探讨，少有学者对区域旅游品牌的构建基础进行分析，而准确把握区域旅游品牌的构建基础是研究区域旅游品牌构建的关键。

2.4　研究述评和切入点

本章通过对研究中所涉及的旅游目的地、旅游目的地品牌、区域旅游合作、区域旅游品牌等相关文献进行梳理和分析发现：

（1）目前有关旅游目的地品牌的研究普遍存在"就事论事"现象，缺乏对所处宏观制度环境的充分考量，而充分认识其依存的宏观制度环境是深刻把握这一现象的必要条件。目前置于"一带一路"倡议、"丝绸之路：长安——天山廊道的路网"申遗成功等宏观制度环境，丝绸之路这一经典旅游品牌被赋予新内涵、产生新关注、面临新机遇。西北五省区作为国内丝绸之路的核心地带，应该充分利用这次难得的机会，在当前有利的制度环境下充分释放旅游发展潜力，提升整个西北五省区旅游品牌形象和竞争力，实现区域旅游经济的协调发展，这也为本书提供了着力点。

（2）西北五省区旅游品牌属于区域旅游品牌的研究范畴，目前在区域旅游研究方面，现有学者已经取得了丰富的研究成果，主要呈现两个明显特点：第一，有关区域旅游合作方面的研究多集中在合作机制、合作模式等治理结构层面，从品牌视角探究如何实现区域优化发展的研究很少，而随着旅游资源同质化现象的日益加重，区域旅游合作不仅取决于有效的治理结构，更依赖于有序的品牌化；第二，有关区域旅游品牌的研究，多数文献侧重于其构建模式的探讨，少有学者对区域旅游品牌的构建基础进行分析，而准确把握区域旅游品牌的构建基础是研究区域旅游品牌构建的关键。这为本书提供了研究机会和切入点。

（3）与一般区域旅游品牌不同，西北丝绸之路沿线旅游目的地所涉及的行政归属复杂、时空跨越大，是一种时空连续、文化丰富的线性旅游目的地，沿线旅游资源具有一定的相似性和传承性，因此对西北五省区旅游品牌的研究亟待一个新的视角。鉴于此，本书试图将研究范围从单个区域向多个同质区域范围扩展，以识别代表整个西北丝绸之路"地方精神"和"核心价值"的品牌基因为突破点来构建西北五省区旅游品牌共享机制，从而实现西北五省区旅游品牌的共建、共享，形成品牌和旅游产业的良性互动，促进整个区域旅游经济的协调发展，这也成为了本书的主要研究目标。

第3章

理 论 基 础

本章针对研究中重点运用的相关理论进行阐述，首先是结合本书的研究对象对外部性理论与产权属性理论、网络治理理论、目的地品牌化理论进行回顾。其次，基于"地格"视角构建了"三力"（RAC）品牌基因筛选模型。随后，详细说明了西北五省区旅游品牌基因提取的步骤。这部分是后续章节开展理论探讨和研究设计的基础。

3.1 外部性理论与产权属性理论

1890 年，英国学者马歇尔（Marshall）提出了"外部经济"的概念，这是外部性理论发展的雏形。在此基础上，1912 年，庇古（Pigou）基于福利经济学视角，系统探究了外部性问题，并详细论述了"外部经济"和"外部不经济"的具体内涵，进一步拓展了外部性理论的相关研究。在有关外部性的定义中，最具代表性的是美国学者萨缪尔森（Samuelson）的论述，他将其界定为一个人的行为使另外一些人遭受到额外的成本或获得额外的收益，而且这"另外一些人"并未就其遭受到额外的成本或获得额外的收益，获得相应的补偿或付出相应的代价。产权理论形成于 20 世纪 30 年代，其创始人是英国学者罗纳德·科斯（Ronald H. Coase）。产权理论发展先后经历了两个阶段，早期阶段是在 20 世纪 30 年代至 20 世纪 40 年代，科斯发表产权理论的奠基之作《企业的性质》，指出产权不清晰会导致交易成本巨大，从而造成市场机制的失灵，企业是对市场的替代，替代了个人参与市场交易，从而降低了交易数量和交易成本，克服了市场摩擦，且认为只要产权界定清楚，资源在价格的作用下最终能够得到最有效的利用；随后在 20 世纪 50 年代至 20 世纪 60 年代，科斯、威廉姆森、斯蒂格勒等学者进一步系统地论述产权的经济性质，论证了产权结构在克服外部性等市场失灵中的作用，从而使明晰的产权制度成为世界市场经济国家的主要制度之一。产权理论认为产权不清是造成负外部性的主要原因，认为私人财产由于产权清晰总能够得到有效的利用，而公共财产由于产权界定不清晰，如果没有得到有效的管理，最终会发生"公地悲剧"。

在区域旅游合作和区域旅游品牌共建共享中，外部性现象同样存在。一方面，区域旅游经济的发展能够带动整体区域内的就业水平、基础设施建设水平、区域经济收入水平等，具有典型的外部经济性特征。相反，区域旅游资源的过度开发利用也会造成整个区域的环境恶化，负外部性也会随时出现。另一方面，区域旅游品牌的产权属性具有双重性，对旅游区域外部而言，其产权边界是清晰的，但在区域内部其产权边界往往是模糊的，区域内的任何一个成员都可以共同享有该品牌的所有权、使用权、收益权等。因此，在区域内部，区域旅游品牌具有准公共物品的产权属性。区域内任何一方作出有损于品牌形象的行为，其他成员也会因品牌价值的降低而受到影响；相反，任何一方作出提升品牌价值的行动，其他成员也会从中受益，但是这种受益又是不均衡的，即在某种程度上各个成员之间也存在着竞争关系。西北五省区旅游品牌是经过千年沉淀所形成的具有高知名度和美誉度的跨越多个省界的区域旅游品牌，沿线各市场主体都可以在没有付出成本的情况下进行品牌共享，但由于其他客观条件，各市场主体又会在收益方面存在差异。因此，从经济学角度来看，西北五省区旅游品牌属于准公共物品，品牌共享过程中很容易产生外部性问题。西北丝绸之路沿线任何一方作出有损丝绸之路品牌形象的行为，就会让其他共享者受到不利影响，且很容易产生

"公地悲剧"。这种外部性不仅仅由私人部门引起，沿线地区的地方政府行为同样会导致类似结果。现阶段，为迎合"一带一路"倡议和追求当地发展，部分地方政府在共享丝绸之路旅游品牌过程中也出现了恶性竞争。因此，需要通过构建有效的品牌共享机制，约束和规范沿线相关主体行为，消除负外部性，以实现各主体单元对丝绸之路品牌的弘扬及其对当地旅游经济的带动。同时，根据外部性与产权理论，公共物品一般不能由私人部门提供，且私人部门也不愿意提供。因此，政府主导下的区域旅游品牌塑造更符合经济学规律。

3.2　网络治理理论

网络治理理论源于社会网络的研究。1931 年，英国学者拉德克利夫·布朗（Radcliffe Brown）在其研究中首次提到了"网络"的概念，这是社会网络研究的开端。随后，越来越多的学者开始基于网络视角分析企业经营问题，用来协调个人、企业以及社会之间的关系结构。格拉诺维茨（Granovetter，1973）在其研究中明确提出了"经济活动嵌入社会活动"的观点，并对新制度经济学所推崇的交易成本理论提出反驳，认为交易成本理论基于的纯经济关系在现实中不可能存在，难以接受现实交易中交易主体的非理性行为。格拉诺维茨（Granovetter）的研究是社会网络研究真正意义上的开端，成为后续学者引证的经典著作。网络治理理论就是在此背景下产生的。治理理论（Governance Theory）源于 20 世纪的公共管理理论，主要是解决决策主体多样、责任边界模型情景下的问题分析理论。在现有研究中，学者们在研究治理理论时，更多地突出其多元协商和网络参与的理念。总体来讲，治理理论的研究过程主要分为三个阶段，即遵循"社会中心—政府主导—网络治理"的演变思路，最后一个阶段也是现在学者们普遍提及的网络治理理论。21 世纪，随着政府职能的转变，先前高度集中的政府权力已经难以满足现阶段多元化发展的需要，政府权力开始分散。2004 年，斯蒂芬（Steven）在其著作《网络化治理：公共部门的新形态》中，首次提出了网络治理理论，并详细阐述了基于政府主导视角的网络化治理模式，认为在网络化治理模式中，治理主体、连接渠道、治理能力和治理责任构成网络治理的关键模块，其主要核心是设计完善的网络合作机制。因此，网络组织是指公共部门与私营部门、营利组织、非营利组织以及民众之间，在交易关系和社会关系共同作用下所形成的有机组织系统。网络治理是指在网络目标指引下，以民主协商的形式，通过正式制度安排如行动规则、惩罚制度等，非正式制度安排如文化认同、精神感化，实现网络成员对公共事务的弹性共治，从而达到网络内部平衡，并与外部环境相协调。网络治理的核心要素包括目标、主体、资源和治理机制。目标是网络组织形成的前提，也是网络治理要实现的目的，只有具备共同的目标，网络主体才会加入该网络组织中去；资源是治理的对象和基础；主体可以是自然人、政府部门、行业企业等，它们之间既可能存在科层关系，也可能不存在任何的隶属关系。因此，在网络组织中不能使用传统的科层关系来协调网络成员。治理机制主要通过信任机制、协调机制、整合机制和维护机制将网络治理的目标、主体和资源三要素进行有机整合，从而达到网络的协调和稳定。

在西北丝绸之路旅游经济发展中，区域旅游品牌的塑造和提升是现阶段的一个重要任务。总体来讲，西北五省区旅游品牌的共建、共享主体既包括政府部门，也包括旅游企业、行业组织以及当地居民，各主体的共同目标是通过丝绸之路旅游品牌的共建共享，能够加快旅游经济的协调发展，提升整个西北五省区旅游品牌竞争力，以实现西北五省区旅游品牌的健康持续发展。由于地理条件和资源禀赋的差异，西北五省区在品牌共建共享过程中会存在多种矛盾，这就需要通过网络治理机制进行协调和平衡。

3.3　目的地品牌化理论

现阶段，随着旅游资源同质化现象越来越明显，目的地品牌化成为一种趋势（Morgan et al.，2004）。目的地品牌化的研究主要经历三个阶段（见图3-1）：品牌形象→品牌化→品牌个性。其中，第一阶段的研究主要是基于游客对目的地的主观认知和评价，当这种形象评价开始包含较强的情感依恋时，品牌化阶段就开始了。在品牌化阶段，成功的品牌化包括通过满足旅游者的情感和基本需求来建立目的地和旅游者之间的相互联系，特别是可以建立目的地形象与旅游者自我形象的联系。品牌个性是其中的重要决定因素，品牌个性强调品牌形象中类似于人的特质，从而活化了目的地形象。现有研究中，有关目的地品牌化的模型主要有"C-模型""B-模型""S-模型"三种。

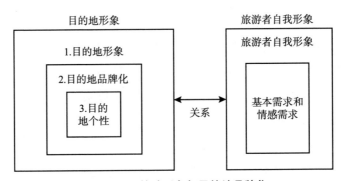

图3-1　目的地形象与目的地品牌化

资料来源：Ekinci. From destination image to destination branding：An emerging area of research ［J］. Review of Tourism Research，2003，1（2）：21-24.

3.3.1　目的地品牌化C-模型

基于扩散激活（spreading activation）理论的目的地品牌化模型，以下简称C-模型，是目的地品牌化的一个重要理论。蔡（Cai，2002）认为目的地品牌化就是选择一致的元素组合并通过积极的形象塑造来识别和区分这些元素组合。基于激活扩散理论，蔡（Cai，2002）提出了目的地品牌化模型，即"目的地品牌化C-模型"，见图3-2。从模型中可以看出，目的地品牌化是一个循环过程，以品牌识别为中心，通过品牌要素组合、形象塑造、品牌联想（3As）和营销活动（3Ms）之间的动态链接激活扩散。激活扩散过程开始于选择品牌元素（如口号、标识、标语）组合。需要注意的是，无论口号还是标识都需要能够清晰地识别出目的地，并形成强烈一致的品牌联想。品牌联想反映形象的属性要素、情感要素和态度要素，营销活动是营销方案、营销传播和次级联想管理的整合，保证了投射形象与感知形象的一致性。C-模型还指出了扩散激活作用产生的四个外在条件，即现有原生形象（Existing Organic Image）、现有引致形象（Existing Induced Image）、目的地尺度和结构（Destination size and Composition）以及定位和目标市场（Positioning and Target Markets），简称4Cs。

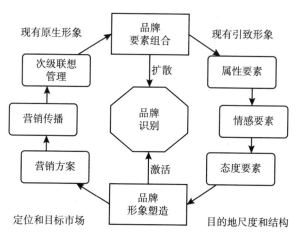

图 3-2 基于扩散激活理论的目的地品牌化模型

资料来源：Cai. Cooperative branding for rural destinations [J]. Annals of Tourism Research，2002，29（3）：720-742.

3.3.2 目的地品牌化 B-模型

目的地品牌化战略模型，以下简称 B-模型，见图 3-3。巴拉克里希南（Balakrishnan，2009）在总结了125个研究案例并经过文献梳理后建立了该战略模型。他指出，旅游目的地品牌化过程主要围绕五个方面展开：①愿景和利益相关者管理。愿景是在与所有利益相关者沟通中产生的，具有统领作用，是品牌化的起点。②目标市场和产品组合的匹配。要从客户的来源、消费潜力和心理特征等方面确定主要目标群体，目的地的产品和服务组合必须与总体品牌战略相结合，并以现有资源和能够开发的资源为基础。③使用品牌要素定位和差异化策略。目的地必须选择品牌要素组合来吸引游客，帮助游客作出决策和建立忠诚度。这个过程从客源地开始，在目的地逗留中强化，在回程和再次访问时修正。品牌要素可以是有形的或无形的，可以是功能性的或象征性的。④传播策略。在目的地营销渠道中，报纸、电视、杂志和收音机比在线广告更值得信赖。旅游者偏爱基于口碑选择目的地，一旦选择再通过网络资源来缩小范围。⑤反馈和响应管理策略。在管理目的地品牌时，可以通过市场调查来减少理想和现实品牌营销的差距。但目的地必须提供真实而非夸大的信息，必须管理好其许可策略以维持品牌标准和正确表征。

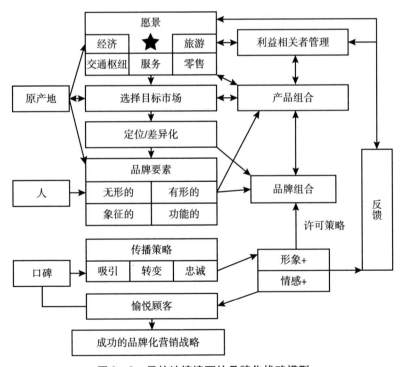

图 3 – 3　目的地情境下的品牌化战略模型

资料来源：Balakrishnan. Strategic branding of destinations: a framework ［J］. European Journal of Marketing, 2009, 43（5/6）: 611 – 629.

3.3.3 目的地品牌化 S - 模型

基于利益相关者的目的地品牌化模型，以下简称 S - 模型。C - 模型和 B - 模型分别从理论和实践方面为目的地品牌化提供了思路，但从涉及的对象可以看出，C - 模型是以旅游者为核心，B - 模型开始考虑其他的利益相关者，而加西亚等（García et al.，2009）则更进一步，更侧重于对目的地品牌化的评价，提出基于利益相关者的目的地品牌化模型，即"S - 模型"，见图 3 - 4。S - 模型是由贝瑞（Berry，2000）的服务品牌化模型转化而来，从原来六要素，即现有品牌（PB）、外部品牌传播（宣传和口碑传播）、消费者体验、品牌知名度（BA）、品牌意义（BM）、品牌资产（BE）中选取了 PB、BA、BM、BE 四要素作为利益相关者视角的目的地品牌化测量指标。在 S - 模型中，PB 通过令人心动的、有吸引力的和感兴趣的 3 个指标

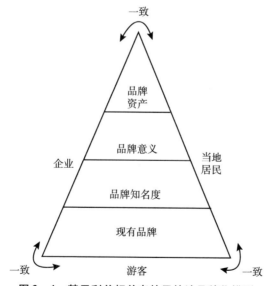

图 3 - 4 基于利益相关者的目的地品牌化模型

资料来源：García，Gómez，Molina. A destination-branding model：an empirical analysis based on stakeholders ［J］. Tourism Management，2012，33（3）：646 - 661.

来衡量。BA 指识别和回忆起一个品牌的能力，反映品牌在消费者心中的突出地位，依次分为能识别、能想起和主导 3 个层面。BM 为利益相关者对品牌的主要看法，测量指标为可靠、感受、鲜明的个性和信任。BE 为与品牌等相关的现实的或感知的资产或负债，通过感知质量、忠诚度和口碑 3 个指标衡量。模型的另一个重要思想是强调利益相关者之间的一致性对于实现目的地品牌成功的重要性。基于利益相关者的品牌资产概念与基于旅游者的品牌资产概念相比更为合适。管理者只有长期有效地协同管理每一个利益相关者，地方品牌战略才能成功。

3.4 "地格" 视角下目的地品牌基因筛选模型

目的地品牌基因源于旅游地格。目的地品牌基因应当具备对目的地生活方式与环境有 "代表力"（Representation）、对客源地游客有 "吸引力"（Attraction）、对竞争地有可持续 "竞争力"（Competitiveness），即目的地旅游地格因子需要经过 "三力"（RAC）筛选才能成为目的地品牌基因（邹统钎，2016）。总体来讲，"三力"（RAC）品牌基因筛选模型的理论基础源于地方感理论、推拉效应理论和资源基础论三个理论。

3.4.1 "三力"（RAC）品牌基因筛选模型构建

（1）地方感理论（Sense of Place）是识别目的地品牌基因的一个基本理论。地方感是源于地理学的一个概念，其本质就是地方精神（Genius Loci）。地方精神是一个地方历史积淀的结果，具有时间压缩特征（Havey, 1996）。早期研究中，瑞尔罗德（Railroad）认为地方基因由地方、物产和当地居民三个部分构成，即 "3P" 模型。这里的地方主要是从地理结构上来讲的，是某个地方的地理区域范围，物产主要是指该地方的产出，人民主要是当地居民，不但包括当地居民的数量，地方基因更源于该地方居民的生活方式。

在有关地方感理论的研究中，专门以"地方感"为关键词或主题词的研究较少。20世纪以来，学者们在研究地方感理论过程中开始聚焦于地方营销和地方依附两个方面。例如，学者克罗斯和布朗（Gross & Brown，2008）在研究地方感理论过程中，从旅游目的地居民的生活方式入手，构建了联结游客和地方的结构模型，认为游客对目的地生活方式的认同是吸引其前往该旅游目的地的关键原因。罗和林（Luo & Lin，2014）的研究指出，游客对目的地当地居民的地方依恋是研究游客行为非常值得关注的一个方面，目的地居民的语言体系、服饰文化、饮食特征等方面所表现出来的真实性，是影响游客出游决策的重要因素，这一观点也得到了其他学者的普遍认可。可以看出，目的地品牌基因必须对目的地的生活方式与环境有代表力，必须能够代表地方精神和核心价值，即具有"代表力"（Representation）特质。本书在前期大量文献研究的基础上，结合地方感概念模型（Relph，1976；Steele，1981；Zube et al.，1982；Greene，1996）并结合里奇（Lynch，1962）提出的人工环境地方感的测量，将旅游目的地品牌的代表力细化为"原生性""唯一性""真实性"三个二级指标，作为目的地品牌基因筛选的重要维度。

　　（2）推拉效应理论（Push‐Pull Effect）。推拉效应理论是识别目的地品牌基因的另外一个基本理论，目的地品牌基因应该包括目的地的吸引力因子与对客源地的拉力因子（Raymond et al.，2010；Prayag & Ryan，2011），即在整体上具有"吸引力"（Attraction）特质。根据推拉效应理论，游客是否旅游，来自自身的"推力"与外部环境的"拉力"两种力量。其中，"推力"主要取决于游客的经济基础、闲暇时间等自身因素，这些不受旅游目的地的制约和影响，而"拉力"则表现为目的地旅游资源、产品、服务水平、旅游配套基础设施等的吸引程度（Crompton，1979），是旅游目的地可以通过努力进行提升的因素，也是现阶段旅游竞争的着力点。"推力"决定了游客是否有能力出游，"拉力"决定了游客是否有兴趣出游（Klenosky，2002）。推拉效应理论为目的地吸引力提供了理论支持。目的地吸引力的测量一般有两个步骤：第一，构建与吸引力相关的目的地属性列表；第二，吸引力相关的属性列表的评估。由于目的地种类多样，学者们发现很难开发出成熟的测量模型用于评估和比较所有的旅游资源，不同研究视角下的测量方法也不同（Formica & Uysal，2006；Gearing et al.，1974）。供给视角侧重于目的地旅游吸引物的数量和质量，需求视角则是基于旅游者对目的地属性的感知和兴趣，竞争力视角考虑的是与竞争者相比较之后的相对吸引力（Cracolici & Nijkamp，2009；Mikulic et al.，2016）。国内学者邹统钎（2016）、王畅（2018）等学者的研究指出，目的地品牌的吸引力因子应该体现旅游目的地的完整性和地方依恋性特点。事实上，随着旅游消费的升级，游客开始更多地关注旅行体验，体验当地的生活方式也已经成为游客选择目的地时一个重要的考虑因素，旅游目的地生活方式的差异性也是吸引游客"到此一游"的重要因素。根据前期的研究成果，结合推拉效应理论原理以及旅游目的地吸引力评价因素的文献研究，将旅游目的地品牌的吸引力细化为"完整性""生活方式差异性""地方依恋性"三个二级指标。

（3）资源基础论（Resource - Based View）。旅游目的地品牌基因应该在整体上具备"竞争力"（Competitiveness）特质。诺瓦伊斯等（Novais et al.，2015）研究指出，目的地竞争力是实现目的地战略营销目标的能力，也是旅游目的地在竞争中获得生存和发展的基础。瑞奇和克劳奇（Ritchie & Crouch，2003）基于资源基础理论提出，目的地竞争力来源于目的地的核心资源、支持性因素、限制性因素和管理水平，其中旅游目的地的核心资源是形成目的地核心竞争力的关键，也是游客识别该旅游目的地的重要信息和线索，这一观点得到了国内外学者的广泛认可。稀缺性和难以模仿性是目的地旅游资源成为目的地核心竞争力的前提，只有旅游资源难以被其他竞争对手轻易模仿，才能打造自身核心竞争力（Gigovic，2016；Blain et al.，2005；Morgan & Prichard，2002）。这些研究表明以资源基础论为基础来对竞争力进行研究是十分重要的。可以看出，目的地品牌基因应当反映目的地旅游资源特质和核心价值，而这些资源必须具备稀缺性和难以模仿性，并且能够为目的地产生持续的竞争力（McIntosh & Goeldner，1990）。本书在现有相关文献的研究基础上，以"稀缺性""不可模仿性""难以替代性"三个二级指标来衡量旅游目的地品牌基因的竞争力。

综上所述，本书在已有研究的基础上，根据地方感理论、推拉效应理论和资源基础论三个理论，构建了对客源地具有吸引力、对目的地具有代表力、对竞争地具有竞争力的"三力"（RAC）品牌基因筛选模型，并将"三力"（RAC）指标分别细化到具体的二级指标。"三力"（RAC）品牌基因筛选模型中各指标之间的逻辑关系见表 3 - 1 和图 3 - 5。

表 3 - 1　　　　　　　　旅游目的地品牌基因筛选指标体系

目标层	准则	一级指标
旅游目的地品牌基因筛选指标体系	吸引力	完整性
		地方依恋性
		生活方式差异性
	代表力	原生性
		唯一性
		真实性
	竞争力	稀缺性
		不可替代性
		难以模仿性

3.4.2　西北五省区旅游品牌基因筛选步骤

（1）搜集西北丝绸之路旅游地格因子，构建西北五省区旅游品牌基因库。

（2）确立"三力"（RAC）品牌基因筛选模型指标体系权重。运用层级分析法（AHP）对评价指标进行赋值，得出针对西北丝绸之路的"三力"（RAC）品牌基因筛选模型。西北五省区旅游品牌基因"三力"（RAC）模型筛选体系权重设置见表 3 - 2。

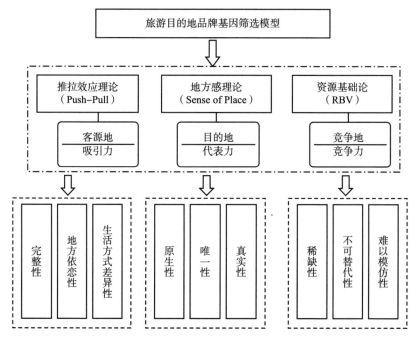

图 3 – 5　旅游目的地品牌基因"三力"（RAC）筛选模型

表 3 – 2　　　　　　　　　旅游目的地品牌基因评价和筛选体系

一级指标	权重值	二级指标	权重值
代表力	w_1	原生性	w_{11}
		唯一性	w_{12}
		真实性	w_{13}
吸引力	w_2	完整性	w_{21}
		地方依恋性	w_{22}
		生活方式差异性	w_{23}
竞争力	w_3	稀缺性	w_{31}
		不可替代性	w_{32}
		难以模仿性	w_{33}

（3）识别西北五省区旅游品牌基因。该阶段分两个步骤：首先，根据最终确立的"三力"（RAC）品牌基因筛选模型对已搜集到的地格因子进行筛选，初步识别品牌基因。其次，选取西北五省区代表性城市进行实地调研，对筛选出的地格因子对品牌基因的体现度进行分析，最终确立西北五省区旅游品牌基因。

第 4 章

西北五省区区域
旅游合作现状分析

本章对西北五省区的旅游合作现状进行分析。具体来讲，首先从西北五省区旅游资源概况、城市发展状况和品牌发展现状进行分析。其次，对西北五省区区域旅游合作的现实条件进行分析。随后，从文化交流、产业突破和支撑体系完善三个方面探讨西北五省区旅游合作的意义。最后，从合作手段、合作层次、基础设施共享情况等几个方面分析了西北五省区旅游合作共享现状。通过本章的研究，能够全面了解西北五省区旅游合作情况，对后续章节开展西北五省区旅游品牌共享机制构建和政策建议的提出奠定基础。

4.1 西北五省区旅游发展现状

4.1.1 西北五省区旅游资源概况

目前，西北地区旅游业已经成为推动各地经济社会发展的新兴支柱产业和带动社会就业、农村人口脱贫致富的幸福产业。旅游资源是目的地品牌塑造的基础和支撑。西北五省区旅游区域内旅游资源丰富，拥有独特的旅游资源特质。目前，西北五省区旅游景区已经达到 1503 个，旅游饭店达到 18082 家，其中星级酒店 1499 家，旅行社 2258 家，其中国际旅行社 255 家。在景区建设方面，五个省区共有 5A 级景区 41 个（其中新疆 16 个，陕西 11 个，青海 4 个，甘肃 6 个，宁夏 4 个），详见表 4 - 1。此外，表 4 - 2 显示了西北五省区的星级酒店、旅行社和景区的分布情况，可以看出，在配套设施建设上，陕西和新疆两个省区遥遥领先，青海和宁夏两个省区则相对落后，这也能够在一定程度上反映西北五省区区域内旅游基础设施建设的不均衡。

表 4 - 1 　　　　　　　　　 西北丝绸之路旅游区 5A 景区汇总表

所在省区	5A 景区
陕西	秦始皇兵马俑博物馆；西安华清池景区；黄帝陵景区；大雁塔 - 大唐芙蓉园景区；渭南华阴市华山景区；法门寺佛文化景区；金丝峡景区；太白山景区；西安市城墙碑林历史文化景区；延安革命纪念地景区；大明宫旅游景区
甘肃	嘉峪关文物景区；平凉市崆峒山风景名胜区；甘肃天水麦积山景区；敦煌鸣沙山月牙泉景区；张掖七彩丹霞景区；炳灵寺世界文化遗产旅游区
宁夏回族自治区	石嘴山市沙湖旅游景区；沙坡头旅游景区；宁夏银川镇北堡西部影视城；银川市灵武水洞沟旅游区
青海	青海湖风景区；西宁市塔尔寺景区；互助土族故土园旅游区；阿咪东索景区
新疆维吾尔自治区和新疆生产建设兵团	天山天池风景名胜区；葡萄沟风景区；喀纳斯景区；那拉提旅游风景区；富蕴可可托海景区；泽普金湖杨景区；天山大峡谷景区；博斯腾湖景区；喀什噶尔老城景区；喀拉峻景区；巴音布鲁克景区；白沙湖景区；帕米尔旅游区；世界魔鬼城景区；赛里木湖景区；三五九旅文化旅游区

资料来源：各省区旅游官方网站，时间截至 2020 年。

表 4 - 2 　　　　　　　　　 西北五省区旅游基础设施情况

对比项	星级酒店		旅行社		景区		合计	
所在省区	总数	排序	总数	排序	总数	排序	总数	排序
陕西	247	3	957	1	460	2	1342	1

续表

对比项	星级酒店		旅行社		景区		合计	
所在省区	总数	排序	总数	排序	总数	排序	总数	排序
新疆	247	2	756	2	440	1	1282	2
甘肃	293	1	880	3	115	4	1094	3
青海	100	4	570	4	312	3	560	4
宁夏	54	5	191	5	96	5	267	5

资料来源：星级酒店数据来自《2020 年第四季度全国各省市星级酒店数量排名》，旅行社数据来自文旅部 2021 年第三季度全国旅行社统计调查填报情况表，景区数据来自《中国旅游景区发展报告（2019～2020)》。

4.1.2 西北五省区城市发展状况

西北五省区的旅游城市发展存在较大差距，呈现出明显的梯度差异。在现阶段的旅游发展中，很多景区的发展依托于城市，省会城市更是占据了众多优势旅游资源和区位条件。因此，建立城市之间旅游互通与合作的网络机制非常有必要。

1. 西北五省区重点旅游城市分布

截至 2020 年 12 月，全国国家级历史文化名城 135 个，优秀旅游城市共339 个，西北五省区有 47 个（其中，国家级历史名城 17 个，优秀旅游城市30 个），占比为十分之一左右，详细数据见表 4 - 3 和表 4 - 4。从两个表中的数据可以看出，西北五省区拥有丰富的旅游资源，但是由于地理条件限制和历史发展的原因，西北五省区的国家级历史名城分布和重点旅游城市分布不均衡，其中陕西、甘肃和新疆三个省区的国家级历史名城和重点旅游城市相对集中和丰富，而宁夏和青海明显落后，每个省区仅有 1 个，这种城市分布格局也是制约西北五省区区域旅游合作的现实因素。

表4-3 西北五省区国家级历史文化名城分布

所在省区	国家级历史文化名城	数量
陕西	西安市；汉中市；延安市；咸阳市；榆林市；韩城市	6
甘肃	敦煌市；武威市；天水市；张掖市	4
宁夏	银川市	1
青海	同仁市	1
新疆	喀什市；吐鲁番市；特克斯县；库车市；伊宁市	5
合计		17

资料来源：各省区旅游官方网站，时间截至2020年。

表4-4 西北五省区优秀旅游城市分布

所在省区	优秀旅游城市	数量
陕西	西安市；咸阳市；宝鸡市；延安市；韩城市；汉中市	6
甘肃	酒泉市；敦煌市；天水市；兰州市；张掖市；武威市；平凉市；合作市；嘉峪关市	9
宁夏	银川市	1
青海	同仁市	1
新疆	吐鲁番市、库尔勒市、乌鲁木齐市、喀什市、克拉玛依市、哈密市、阿克苏市、伊宁市、阿勒泰市、昌吉市、博乐市、阜康市、石河子市	13
合计		30

资料来源：各省区旅游官方网站，时间截至2020年。

2. 西北五省区城市经济带呈现"X"型轴线格局

目前，西北五省区在旅游空间布局上主要以省会城市为旅游圈，各旅游圈之间的交集较少，还处于割裂的状态。西北五省区的旅游发展线路主要依托整个西北城市经济带，其中主要以陕西西安、甘肃兰州和西宁、新疆乌鲁木齐、宁夏银川、内蒙古呼和浩特和包头为中线，形成了"西陇海—兰新线和呼包—包兰—兰青线"为主轴的"X"型空间分布格局（见表4-5），该线路贯穿整个西北丝绸之路旅游区，轴线城市的发展能够带动整个西北地区的整体经济发展，是西北丝绸之路旅游发展的枢纽。

表 4 - 5　　　　　　　　　　　西北地区重点城市经济带

类别	所包含经济带	主要城市	地域范围
一级经济带	西陇海—兰新线经济带	西安、兰州、乌鲁木齐、渭南、咸阳、宝鸡、天水、金昌、张掖、酒泉—嘉峪关、哈密、吐鲁番、昌吉、奎屯、石河子等	东起龙溪的潼关，西到新疆的阿拉山口
	呼包—包兰—兰青—青藏经济带	呼和浩特、包头、乌海、石嘴山、银川、吴忠、白银、兰州和西宁	东起呼和浩特，沿京包兰铁路经银川到兰州，再西延至西宁

3. 西北五省区内部城市交通条件

西北五省区内部的交通通达性越来越强。西北五省区区域内高速公路通车里程为 19441 公里，高铁通车里程为 3787 公里，投入运营的旅游机场 40 个，区域内已经开通的国际航线累计 98 条，全区域范围内基本实现了旅游交通便捷化。五个省会城市及主要旅游城市之间航空、高铁、公路不仅有助于中心城市客源向各省各城市辐射提供了可能，也有助于相互之间资源共享以及客源互动。郑西高铁、西宝客运线、大西高铁贯穿陕西；兰州具有"座中连四"的独特位置；西宁是青藏高原地区重要的区域中心城市，以西宁为中心辐射青海省的交通网络已经形成；宁夏有 6 条国道通往全国各地；乌鲁木齐成为国家公路、铁路网中的重要节点。这些旅游交通基础设施为西北五省区区域旅游合作提供了基础支撑。

表 4 - 6　　　　　　　西北五省区省会城市区域相互最短里程　　　　　单位：公里

省会城市	西安	兰州	银川	西宁	乌鲁木齐
西安	0				
兰州	609	0			

续表

省会城市	西安	兰州	银川	西宁	乌鲁木齐
银川	626	424	0		
西宁	817	210	582	0	
乌鲁木齐	2466	1887	2039	1723	0

资料来源：中国旅游统计年鉴和各省旅游网站。

4.1.3　西北五省区旅游品牌现状

1. 品牌形象模糊、竞争力微弱

丝绸之路知名度高、影响范围广，改革开放后国家推出丝绸之路旅游线路，很快便成为重要的国际旅游线路。但遗憾的是，西北地区的旅游业发展却不尽如人意，各地在旅游发展中没有充分利用丝绸之路已有的品牌优势，致使整个西北五省区旅游品牌形象模糊，竞争力微弱。事实上，西北五省区由于旅游资源的相似性和传承性，具有旅游合作的基础，完全可以将各自的旅游资源进行整合以打造强势的西北五省区旅游品牌形象，提升整体品牌实力。然而目前，受到经济水平、区位条件、利益分享机制等因素的影响和制约，西北地区旅游中心城市之间在很大程度上还处于各行其是的状态，在综合实力、现代化水平、功能结构、辐射能力、基础设施等方面存在较大差距，应有的集聚和辐射带动作用不突出，旅游潜力并未完全释放。另外，由于西北五省区在旅游营销中缺乏协同意识，很多旅游目的地的品牌定位不清晰，旅游商品开发层次低，设计理念、生产工艺较为落后，同质化现象严重，进一步降低了西北五省区旅游品牌的竞争力。

2. 品牌基因不明确、文化内涵不突出

西北五省区旅游资源丰富，旅游资源具有相似性和互补性，这为区域旅游合作奠定了很好的基础。但值得注意的是，虽然西北五省区旅游资源丰富，旅游品牌所带来的潜在收益大，但由于整个区域所涉及的行政归属复杂、时空跨越大，各旅游目的地的地格因子肯定会存在一定的差异。因此，在塑造西北五省区旅游品牌过程中，准确找出代表整个西北丝绸之路旅游资源特质的品牌基因非常关键。目前，西北五省区在旅游目的地品牌塑造中基本上还处于各行其是的状态，在旅游产品设计和宣传中没有将丝绸之路文化的内涵突出出来，缺乏整体视角下的旅游资源整合，致使整个西北丝绸之路缺乏全线的旅游产品，缺乏完善的区域旅游线路设计和圈层设计，难以延长游客的旅行时间。因此，要塑造代表整个西北丝绸之路地方精神、地方依恋和核心价值的西北五省区旅游品牌，需要在搜集西北五省区旅游地格因子的基础上，提炼出能够代表整个区域旅游资源特质的公共品牌基因，这样才能从根本上解决西北丝绸之路旅游发展的短板。

3. 品牌宣传片面化、品牌化机制不健全

丝绸之路是一个具有整体性、综合性概念的旅游品牌，但目前西北五省区的旅游发展基本上还处于"诸侯经济"的格局，品牌宣传片面化，缺乏完善的品牌化机制。例如，陕西省在宣传自身旅游时，更多是强调自身在国内丝绸之路的起点位置，并没有从深层次挖掘丝绸之路的文化内涵，在旅游线路设计时更多拘泥于省份内部，没有借势其他省份的旅游资源，区域内其他省份在旅游推广中也有类似的问题。西北五省区作为国内丝绸之路的核心地带，经过千百年的发展，沿线各地区拥有共同的"丝绸之路"品牌基因，已经形成了"一损俱损、一荣俱荣"的共生系统，旅游宣传的片面化只会导致整个区域旅游品牌定位混乱，降低整个西北五省区旅游品牌的竞争力。近年来，西北五省区在各自的旅游推介中做了很大努力，也都积极地通过官方宣传片、广告等形式进行了一系列的旅游推广，但是市场反应并不理想，受众也很有限。因此，营销机制的推陈出新是现阶段提升西北五省区旅游品牌形象的当务之急。西北五省区在旅游发展中应"求同、存异"，充分发挥区域内旅游资源的合力优势，通过完善的品牌共建共享机制，打造强势的西北五省区旅游品牌形象。

4.2　西北五省区区域旅游合作的条件

西北五省区是国内丝绸之路的核心地带，该区域的旅游发展问题一直是理论界研究的焦点。现阶段，西北五省区的旅游发展有国家"一带一路"倡议等制度环境的"保驾护航"，为区域旅游发展带来新的契机。西北五省区地脉相似、文脉传承、旅游资源具有相似性和互补性，这为西北五省区旅游合作提供了天然条件。

4.2.1　西北五省区地理位置毗邻

西北五省区处于国内丝绸之路经济带的重要位置，地理位置毗邻，呈现带状发展格局，各省区之间形成了难以分割的整体，在开展区域旅游合作时的协调成本相对较低，这对于开展和实施区域旅游合作是非常关键的。此外，西北五省区区域内部交通网络完善，全区域范围内基本实现了旅游交通便捷化。五个省会城市及主要旅游城市之间的航空、高铁、公路不仅有助于中心城市客源向各省各城市辐射，也有助于相互之间资源共享以及客源互动，这为西北五省区开展区域旅游合作提供了基础条件。

4.2.2　西北五省区客源市场交融

西北地区国内客源市场具有较高的一致性，一部分集中在我国东南部，另一部分来自邻近省份。首先，部分游客受限于支付能力和闲暇时间，只能以短程旅游为主，区域内部的观光旅游成为这部分游客的首选，因此，西北五省区互为客源市场；另外，还有一部分游客来自我国东南部，这部分游客一般是被丝绸之路的深厚文化所吸引，他们如果时间充裕，一般会选择多个目的地进行游览，因此，西北各省区旅游目的地都有可能成为他们的选择目标。根据《青海省 2020 年统计年鉴》数据，2020 年的青海游客的客源地，来自甘肃的游客就占据了全部游客的 20.3%，来自陕西的游客占比为5.3%，来自新疆的游客占比为 3.5%，来自江苏的游客占据了全部游客的11.3%，来自广东的游客占比为 8.3%，来自河南的游客占比为 6.8%，北京、上海的游客占比为 8.5%。因此，客源市场的交融也是西北五省区开展区域旅游合作的重要外部条件。

4.2.3 西北五省区旅游合作制度环境友好

制度环境是西北五省区区域合作的外部条件和驱动力。目前，西北五省区区域旅游合作制度环境友好。随着国家"一带一路"倡议的实施和推进，新一轮西北大开发随之进行，这为西北五省区区域旅游合作提供了新的机遇。"丝绸之路：长安——天山廊道的路网"项目的申请成功，为西北五省区旅游发展提供了更高的平台。另外，《全域旅游》战略的提出和实施开展，也为西北五省区区域旅游合作提供了新的合作理念和思路，这些有利的制度环境为西北五省区区域旅游合作提供了良好的发展氛围。

4.2.4 西北五省区旅游资源一脉相承

西北五省区地理风貌独特，文化多彩丰富，在文脉和地脉上具有相似性和传承性。首先，在文脉上，古代丝绸之路本是一条古代国际商旅之路，千百年来，伴随着商品贸易和人员的交流，沿线各地的文化相互碰撞，成为东西方之间以及中国游牧民族和农耕民族之间的交流之路，沉淀了丰厚深邃的文化遗存。沿线古朴敦厚的多民族风情，以及"世界佛教艺术宝库"敦煌莫高窟，"世界第八奇迹"秦始皇兵马俑等众多的陵墓、石窟、寺庙、关隘、烽燧、古城等，无不体现着质朴、厚重、包容等相似性和传承性的文脉。其次，在地脉上，西北丝绸之路旅游区地脉传承，如陕西境内的绵延起伏、古朴浑厚的黄土高原和"尘土飞扬"的八百里秦川，甘肃河西走廊的雅丹地貌、大漠戈壁、黄河奇观石林等自然景观，宁夏的塞上江南，青海的巍巍昆仑、戈壁和雪山，新疆的塔克拉玛干大沙漠等，形成了原始、雄浑、荒凉、神奇的令游客向往的自然地脉，这为区域旅游合作提供了资源基础和条件。

4.3　西北五省区区域旅游合作的意义

如上文分析，西北五省区客源市场互补，地缘优势明显，旅游资源又具有一定的相似性和互补性，客观上具有旅游合作的基础和条件。通过区域旅游合作不但可以整合区域旅游资源，还能够充分释放区域旅游发展潜能，提升整体西北五省区旅游品牌形象。具体来讲，西北五省区区域旅游合作的意义体现在以下几个方面：

4.3.1　促进区域内文化交流互动

文化是塑造品牌的灵魂。目前，西北五省区旅游品牌文化内涵不突出，没有真正塑造能够代表整个西北地区地方精神和核心价值的品牌形象。西北五省区通过区域旅游合作，打通区域间旅游发展障碍，能够促进文化层面的交流和互动，为塑造强势的丝绸之路旅游品牌形象奠定基础。西北五省区分布着丰富的旅游资源，也是多民族和多样宗教文化的聚集地，通过旅游合作能够进一步挖掘现有的文化特质，促进区域文化的传承和发展。此外，非物质文化遗产是民族文化的瑰宝，西北五省区拥有数量众多的非遗资源，通过旅游合作，能够增强非物质文化遗产的传承和保护。

4.3.2　助力旅游产业实现新突破

旅游产业综合性强，关联度大，已经成为各地经济发展的新兴产业。区域旅游合作可以让当地的旅游产业获得快速成长，实现新突破。根据美国哈佛大学商学院著名教授迈克尔·波特的钻石理论模型（见图4-1）可知，决定一个国家某种产业竞争力的基本要素有四个：①生产要素。②需求条件。③相关产业和支持产业的表现。④企业的战略、结构、竞争对手的表现。除了这四个基本要素之外，还存在两个变数：政府与机会。这几个要素之间相互作用，能够决定一个地区的产业竞争力。

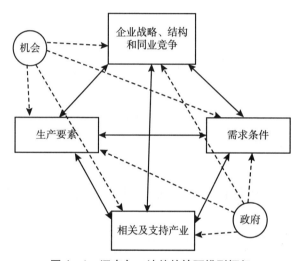

图4-1 迈克尔·波特的钻石模型框架

区域旅游合作可以通过改变钻石体系中每个要素的特性以及这些要素之间的相互作用而使当地的旅游产业获得竞争优势。第一，通过区域旅游合作能够发挥旅游生产要素合力，如区域旅游合作可以在更大范围内整合资源、调配资源，充分发挥西北五省区各省市旅游资源的整体优势，凝聚分散的人力、物力和财力，形成合力。第二，通过区域旅游合作能够开发潜在旅游市场，满足潜在游客需要。第三，旅游合作通过与相关产业合作来改变旅游相关产业的状况。西北五省区通过合作可以实现人流、物流、资金流、信息流、技术流、产业流的融合融通，推动旅游业与其他产业在更大范围内分工合作，实现区域经济结构调整，促进旅游产业集群的发展。第四，区域旅游合作可以改变当地旅游产业的竞合关系。第五，西北五省区通过区域旅游合作能够为当地旅游发展带来更多的发展机会，政府层面的合作与沟通能够更好地服务和对接国家"一带一路"倡议，发挥现阶段的制度优势，从整体上助力旅游产业实现新的突破。

4.3.3　为区域旅游品牌建设做支撑

伴随着西北地区旅游产业的发展，现代化旅游产业体系的建立，西北五省区区域旅游合作还有助于促进该地区多项目标的共同发展，为西北五省区旅游品牌建设做支撑。西北五省区区域旅游合作能够促进基础设施建设，为旅游发展奠定基础。交通是一个地区发展旅游的前提条件，交通发达，旅游发展就有了前提。西北五省区区域旅游合作还会逐步推进西北五省区资源能源、交通运输、商贸物流、产业布局、生态建设等领域的广泛合作，提升全要素品质。西北五省区通过区域旅游合作还能够为人才交流和发展创造良好的平台，促使经济发达地区的技术与专业人员更多地流向西部，提升人才配置效率。区域旅游合作通过生产要素的重新配置改善地区的营商环境，有效促进当地的旅游产业投资，激活旅游企业的竞争力。区域旅游合作还有助于科技实力的竞争，逐步提升创新能力。可以看出，西北五省区通过区域旅游合作能够带动旅游产业的整体发展，能够改善西北地区的基础设施、人才环境、投资环境、技术实力等各方面的提升，为塑造强势的西北五省区旅游品牌提供硬件和软件支撑。

4.4　西北五省区区域旅游合作共享现状

近年来，西北五省区在区域旅游合作上不断探索，从 1989 年的协作会议到现阶段举世瞩目的旅游年、营销大会、丝路论坛和旅游交易会等进行了一系列的努力。但总体来讲，西北五省区之间的区域旅游合作还没有取得实质性的突破。主要表现在以下几个方面：

4.4.1　合作手段趋于多样，但合作机制还需完善

地方产业政策作为当地政府的制度安排，不但能够引领消费导向，还能够反映当地政府对国家战略的敏感度。根据 2013～2021 年西北五省区 51 个地级市政府网站所出台的有关"一带一路"倡议的政策性文件，发现各省在旅游发展中对接"一带一路"倡议的程度参差不齐，没有充分利用当前有利的制度环境，旅游潜力没有完全释放。近年来，西北五省区在区域旅游合作上不断推进，合作手段多样（见图 4－2）。1989 年西北五省区旅游局召开会议，提出要通过互通有无和共同分担的形式来解决区域内旅游发展中的问题，这是西北五省区区域旅游合作的雏形。1989～2003 年间，中国整体的旅游经济发展缓慢，西北地区的旅游发展也没有特别大的起色。2003～2013 年间，西北五省区的旅游合作开始有了实质性进步，建立了统一的宣传平台进行整体的旅游推介，希望能够提升整个西北地区的旅游形象。2013 年，国家"一带一路"倡议提出后，西北旅游区更是有了一个快速的发展，目前已形成了相对稳定的年会议事决策与常设秘书处执行服务机制等相关机构，为区域旅游合作提供监管和服务。2020 年以后，西北区域旅游合作稳步提升，逐步完善。西北五省区区域旅游合作演化进程如图 4－2 所示。目前，虽然西北五省区的旅游合作不断深入，但由于资源禀赋、区位分工等条件的差异，总体的合作效果还不太明显。究其原因，还是缺乏整体视角下的利益共享和分配机制，这主要体现在三个方面：首先，西北五省区的跨区治理体系相对缺失，缺乏完善的顶层设计，旅游资源不能跨区自由整合。其次，旅游行业协会没有充分发挥对旅游市场的监管功能。最后，缺乏相应的利益补偿机制，这致使很多合作都流于形式。

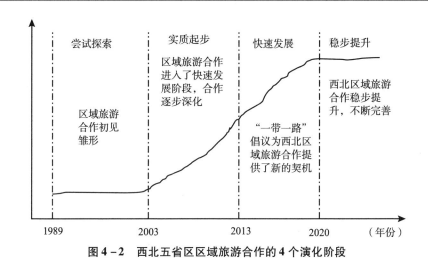

图 4 - 2　西北五省区区域旅游合作的 4 个演化阶段

4.4.2　区域合作初见成效，但合作层次还需深入

2013 年以来，在推进国家"一带一路"倡议实施进程中，西北五省区的旅游合作也在进一步深化，整个区域的旅游经济有了一定程度的提升，初步建立了合作机制，区域旅游合作初见成效。首先，在整合区域旅游资源的基础上，西北五省区搭建了区域性的整合营销平台。例如，以《神奇大西北》导游图为宣传品，在优势互补、资源共享、宣传联动、协同发展中共同树立了统一的中国神奇大西北形象，并联合推广了丝路、黄河、民俗、红色等区域共有线路和产品。其次，采用"主——副"品牌模式，提炼出了各自的特色旅游形象。西北五省区各省区也在神奇大西北形象下提炼出了各自的特色旅游形象，如"新疆是个好地方""大美青海""交响丝路·如意甘肃""塞上江南·神奇宁夏""文化陕西"，等等，这些品牌的影响力和知名度正在逐步上升。最后，整合了部分精品旅游圈，实现了区域内旅游资源的有效整合。目前，西北五省区整合了部分区域内的旅游产品线路，试图构建联合旅游线路，例如丝绸之路、黄河金岸、唐蕃古道、民俗风情、红色之旅等反映整个区域旅游特色的线路，以期能够实现旅游产品区内整合、区外延伸，延长游客的旅行时间。总体来讲，西北五省区的区域旅游合作不断推

进，也取得了一定的成效，但合作层次还需要更深入。例如，西北五省区旅游区至今没有形成统一的旅游产业规划，没有规划，就无法避免旅游产品的重复建设、相邻景区的重复性建设与低水平恶性竞争等问题，更谈不上开发丰富完整的旅游产品和服务；西北五省区区域旅游合作形式单一，合作层次浅，旅游潜力没有完全释放；西北五省区更需要有一个完善的区域旅游品牌共享机制，这对于塑造和提升西北五省区旅游品牌形象非常关键。

4.4.3 基础设施配套不完善，信息共享不充分

作为区域旅游合作的支撑，基础设施的完善程度是影响区域旅游合作成效的一个重要原因。整个西北地区地域辽阔，旅游资源丰富，但由于经济发展相对落后，交通、通信、能源等硬件基础设施建设水平不足，配套基础设施建设普遍滞后。首先，西北地区的交通瓶颈问题十分突出，这是制约区域旅游合作的重要因素。虽然目前西北五省区省会城市之间交通网络相对完善，但是其他二三线城市的交通网络密度低，等级结构不合理，各种交通运输方式还无法做到"无缝连接"，旅游旺季难进难出问题仍然严重，无法保障区域之间游客的高效流动。其次，产业其他配套基础设施建设滞后。西北五省区区域内的城市（景区）游客集散中心、旅游咨询服务中心、乡村旅游服务中心等基础设施建设滞后，"景城乡一体"的连接配套服务设施缺乏，公路沿线观景台数量少、层次低，加油站、服务区旅游服务功能不完善，五星级酒店数量严重不足，百强旅行社只有陕西省一家，其余省区至今仍然是空白。最后，西北五省区信息共享平台缺乏，旅游信息化程度均处于全国最低水平，市（州）县（区）智慧旅游体系尚未完整建立。西北五省区内很多的 4A 级以上旅游景区还没有全面实现免费 Wi-Fi，区域内各省各目的地之间还不能完全实现信息的及时互动共享，很多景区缺乏智能导游、电子讲解、在线预订、信息推送等现代化信息化手段的运用，与文旅部等相关部门的信息化也没有实现无缝连接和互联互通。

第 5 章

西北五省区目的地
制度性效应分析

本章以西北五省区为研究对象，置于现有的国家实施和推进"一带一路"倡议的制度环境，系统地分析目的地制度性行为的转化过程，重点探究西北五省区旅游目的地在"一带一路"倡议下的制度性行为能否真正提升目的地品牌资产，为现阶段西北五省区旅游目的地对接和服务国家"一带一路"倡议提供理论和实证支撑。

5.1 理论分析和研究假设

5.1.1 目的地制度性行为

制度环境主要是指一系列用来建立生产、交换与分配的基础规则，主要包括正式制度（法规、政策等）、非正式制度（风俗习惯、价值理念等）和实施机制等几个方面。根据传统组织理论理念，企业是一个由产品和交换关系构成的整合系统，其所有行为都需要在特定的任务环境中进行，这个任务环境包括企业的资源、市场上的竞争者和交易渠道上的合作伙伴三个方面。

这一观念提出后，不断受到制度学派的批判，他们认为将组织与周围环境区别开来是有缺陷的，企业所处的制度环境也是影响企业成长和发展的关键因素。企业制度性行为特指企业为迎合其所在制度环境中的规则、规范等所实施的一系列行为。在旅游消费升级驱动下，游客开始更多地关注旅游目的地的制度环境和优质的旅行体验。旅游属于高风险的消费行为，因此需要完善的制度环境来降低游客的消费风险。健全的制度环境不但能够提升游客的心理预期，还可以通过降低旅游消费的脆弱性来进一步提高潜在游客的出游意愿。目前，许多国家和地区也开始纷纷出台针对性的旅游法律、法规以营造良好的旅游制度环境，尽力为旅游消费提供制度保障。具体来讲，目的地制度性行为是指旅游目的地为迎合其所处的制度环境所实施的一系列相关行为。由于本书的研究对象是西北五省区，结合研究目的，本章将目的地制度性行为定义为"西北五省区区域内的旅游目的地所签署和实施的一系列与'一带一路'倡议相关的制度性行为，如加入'丝绸之路旅游推广联盟''丝绸之路文旅产业联盟'等相关组织，或在营销推广中突出'一带一路''丝绸之路''丝路'等关键词的运用等相关行为"。特别地，本书所指的旅游目的地品牌特指西北五省区区域内的各个旅游目的地的品牌，由旅游目的地内的各景区构成，而西北五省区旅游品牌是整体视角下的共享型区域旅游品牌构念，将西北五省区作为一个整体进行考量。

5.1.2　基于游客的目的地品牌资产

品牌资产的研究源于 20 世纪 40 年代，但目的地品牌资产的研究直到 1998 年才初见端倪。品牌资产（Brand Equity）是学者们基于品牌管理决策视角提出的一个重要概念，主要是指一系列由品牌行为所引起的市场营销效果（Aaker & Keller，1993）。目的地品牌资产是品牌资产在旅游行业的运用和发展，在旅游学研究中，已有研究普遍借鉴了品牌资产的相关概念和维度对目的地品牌资产进行界定和测量。例如布莱恩等（Blain et al.，2005）研究认为，目的地品牌资产是目的地一系列营销行为的整合效果，主要是让游客能够识别旅游目的地、加深游客与目的地之间的心理契约，并进一步降低游客的感知风险。摩根等（Morgan et al.，2002）从目的地品牌资产的外延和内涵考察，认为目的地品牌资产是一个分层的架构，可以从品牌的内涵、品牌的作用和品牌的意义三个层面综合考察，是游客对目的地各种营销活动的感知和反映。可以看出，目的地品牌资产是整合营销的结果，是增强游客信心和提升游客体验的重要基础。在目的地品牌资产的测量方面，学者科内克和高德纳（Konecnik & Gartner，2007）研究指出，目的地品牌资产的衡量包括多个维度，主要由目的地品牌的知名度、品牌价值以及游客忠诚等几个方面构成。皮克（Pike，2005）研究指出，从游客层面反映的目的地品牌资产测量应该是一个情感递进的过程，需要经历目的地品牌显著性、目的地品牌联想、目的地品牌共鸣以及最终要达到的目的地品牌忠诚等几个有层级递进关系的维度。布等（Boo et al.，2009）在已有研究的基础上采用案例研究方法指出，目的地品牌资产的衡量除了包括品牌忠诚、品牌认知等维度，品牌价值也应该是其关键维度。事实上，尽管学者们对目的地品牌资产的测量口径不太统一，但塔什彻（Tasci，2018）、戈麦兹等（Gomez et al.，2015）、高德纳和鲁齐尔（Gartner & Ruzzier，2011）等多数学者普遍认为"品牌忠诚"和"品牌价值"是衡量目的地品牌资产的两个关键维度。此外，切卡利纳等（Chekalina et al.，2018）基于 Keller 构建的品牌资产金字塔模型，也进一步指出品牌忠诚和品牌价值是目的地品牌资产维度中位于金字塔模型底层的关键维度，同时也支持了布莱恩等（Blain et al.，2005）提出的品牌资产需要真正反映品牌价值增值能力，品牌价值应该是反映品牌资产的关键维度。结合研究目的，本书将基于游客的目的地品牌资产（以下简称为"目的地品牌资产"）定义为"游客因特定的目的地品牌知识而引起的对目的地各种营销活动的感知和反映"，并从"目的地品牌价值"和"目的地品牌忠诚"两个维度进行衡量。

5.1.3　制度安排与品牌理论关系研究

1. 目的地制度性行为与目的地品牌资产的关系

近年来，随着制度经济学在品牌领域的应用越来越受到重视，学者们也开始从制度视角对品牌资产进行研究，虽然现有成果较少，但制度效力和品牌资产之间的因果关系已经被证实，这也为本章的研究提供了重要的理论基础。亨德曼和阿诺德（Handelman & Arnold）基于制度理论，首次将企业行为划分为营销表现性行为和制度性行为两种，认为企业合理的制度性行为是获得公众支持和肯定的前提。迈耶和罗恩（Meyer & Rowan）研究发现，企业的行为只有符合制度约束和规范，才会得到大众的认可和接受，企业积极的制度性行为是赢得顾客信任的基础。在此基础上，后续学者开始借助企业制度性行为具体研究品牌与制度二者的关系。例如，奥斯曼（Osman）等学者研究发现，企业的制度性行为对企业的品牌资产具有重要的影响，且这种影响效应会在企业品牌面对危机事件时更为显著。阿斯里和汤普森（Ashlee & Thompson）通过案例研究指出，制度效力对企业应对品牌危机具有重要作用，企业合理的制度行为能够引导消费者对企业的正向感知，进而对品牌建设产生积极影响。随着旅游产品同质化现象的日益严重，目的地之间的竞争也由旅游资源之间的竞争逐渐演化为品牌之间的较量，良好的制度环境是目的地品牌建设的重要基础。目前，有关目的地制度性行为的研究相对较少，本章主要是将企业制度性行为的研究引入旅游研究领域进行探索。根据前文企业制度性行为的研究成果可以推断，当旅游目的地行为符合所处的制度环境，以及行为方式被游客所接受时，目的地品牌才会得到游客的认同。因此，目的地制度性行为能够对目的地品牌资产产生重要影响，是游客对目的地品牌价值判定和决定是否出游的基础。一方面，目的地制度性行为能够影响旅游目的地的品牌价值。有效的目的地制度性行为不但可以降低游客的沟通和交易成本，也可以通过良好的监管机制保护消费者权益，进而塑造高知名度和美誉度目的地品牌形象，因此目的地制度性行为是提升目的地品牌价值的重要因素。另一方面，由于旅游体验是影响游客忠诚的关键因素，良好的旅游体验才能刺激和强化游客的重游意愿和推荐水平，而制度环境是降低旅游消费脆弱性和保障良好旅游体验的重要基础，因此有效的目的地制度性行为能够显著提升目的地的品牌忠诚。在上述分析的基础上，本书认为，有效的目的地制度性行为能够显著提升目的地品牌资产。鉴于此，提出本章的假设 H1：

H1：目的地制度性行为显著正向影响目的地品牌资产。

2. 目的地制度性行为影响目的地品牌资产：品牌合理性的中介效应

随着制度理论的运用和发展，学者们逐渐发现组织的生存和发展需要符合所处环境中的社会规则，即制度环境，这也是人们判定一个组织是否合理的重要标准，当企业能够与周围环境相适应，以及行为方式能够被公众所接受，就会产生合理性，合理性是沟通消费者和企业营销之间关系的重要工具。品牌合理性主要是指特定品牌的行为方式在规范、价值、信念等社会建构系统中被认为是合理的，分为实用合理性、道德合理性和认知合理性三种。卫达森等（Virutamasen et al.）研究发现，企业可通过有效的制度性行为提升组织合理性，进而影响消费者的品牌联想；奥斯曼（Osman）研究指出，企业的制度性行为需要通过营销表现性行为影响企业合理性，进而影响组织形象，与品牌合理性相悖的行为会在一定程度上影响消费者的品牌态度，进而影响品牌忠诚。国内学者郭锐等、刘洪深等的研究也发现，品牌合理性对品牌资产具有重要的战略意义，品牌可以采用合理性战略来提升品牌资产。通过已有的研究成果可以看出，制度性行为不但会对品牌合理性直接产生影响，还会通过品牌合理性引起品牌资产的增减，这个结论同样可以运用到分析目的地制度性行为、品牌合理性与目的地品牌资产之间的关系上。

根据合理性理论的观点，旅游目的地行为都是嵌入所在区域的制度环境中，需要遵循所处环境中的社会规则。当目的地的行为方式被游客所接受时，才会被认为是合理的，只有在获得合理性的前提下，目的地品牌才会得到游客的接受和认同。因此，根据上述逻辑关系可以推断，目的地制度性行为不但会直接影响品牌合理性，还会通过获得游客的品牌合理性感知进一步提升目的地品牌资产，即品牌合理性在目的地制度性行为对目的地品牌资产的影响关系中起到了重要的中介链接作用。在上述分析的基础上，提出本章如下假设：

H2：目的地制度性行为显著正向影响品牌合理性。

H3：品牌合理性显著正向影响目的地品牌资产。

H4：品牌合理性在目的地制度性行为对目的地品牌资产的影响关系中起中介作用。

3. 目的地制度性行为影响目的地品牌资产：目的地熟悉度的调节效应

"熟悉度"（Familiarity）一词源于心理学，近年来，随着熟悉度理论在营销领域的运用和发展，才逐渐被引入旅游研究领域。产品熟悉度（Degree of Familiarity）是判断消费者产品知识的一个重要维度，反映了消费者所积累的与某种产品相关的经验水平（Park & Lessig, 1981）。学者们基于精细加工可能性模型发现，产品熟悉程度不同的消费者的产品评价机制是不一样的。当产品熟悉度高时，消费者能更有效地利用产品本身释放的信息来评价产品；当产品熟悉度低时，由于消费者对产品没有足够的知识经验去判断，在产品评价过程中更容易受到第三方信息的干扰。

在旅游目的地营销研究中，目的地熟悉度主要指游客对目的地相关的旅行知识和经验，也有学者认为除了包括游客的到访经历，目的地熟悉度还应该涵盖游客旅行前的信息检索。现有研究已经发现，游客对目的地先前的旅游经验会直接导致游客对目的地感知的差异。皮尔斯（Pearce）、菲尔普斯（Phelps）、米尔曼和皮扎姆（Milman & Pizam）等学者使用纵向比较的方法，分析了游客在旅行前后对目的地评价的差异，发现首次游览、重复游览和非访客会对目的地的感知有很大的不同。在已有研究的基础上，我们同样推断，目的地熟悉度是目的地制度性行为对目的地品牌资产发生影响效应的重要情景因素。具体来讲，当目的地熟悉度高时，由于游客具体丰富的旅游知识和经验，会根据自己所掌握的信息对目的地品牌进行直接评价，此时目的地制度性行为对目的地品牌资产的影响效应将会受到抑制；当目的地熟悉度低时，由于游客对旅游目的地不太熟悉，所掌握的相关信息较少，在对目的地品牌进行评价时，更容易受到外部信息的干扰，此时目的地制度性行为对目的地品牌资产的影响效应不会受到明显干扰。基于上述分析，提出如下假设：

H5：目的地熟悉度在目的地制度性行为对目的地品牌资产的影响关系中具有调节作用。

H5a：当目的地熟悉度低时，目的地制度性行为对目的地品牌资产具有正向显著的影响。

H5b：当目的地熟悉度高时，目的地制度性行为对目的地品牌资产的影响受到抑制。

在上述理论分析和推理的基础上，本章的概念模型和假设逻辑关系见图5-1。

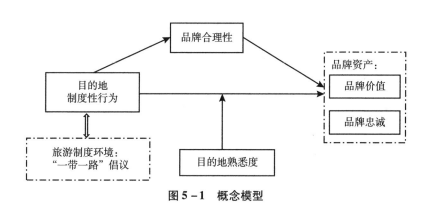

图 5-1　概念模型

5.2　研究方法

5.2.1　数据收集

本章采用问卷调查的方法收集数据。在一手资料和数据的获得方面，问卷调查法是使用最为普遍和重要的定量研究方法之一。本章研究的数据收集主要分两个阶段进行。首先，是问卷的预测试，这个阶段共发放问卷 50 份，主要是针对问卷的逻辑顺序和措辞进行修正。其次，是正式问卷的发放，受疫情影响，正式数据的收集全部采用"问卷星"平台线上收集。整个问卷的回收期间是 2021 年 2 月至 2021 年 5 月，这个阶段收集问卷 504 份，剔除内容不完整或有明显错误的问卷后，最终有效问卷 441 份，有效回收率为 87.5%，详细问卷内容见附录 A。特别地，由于本书的研究对象涉及西北地区的五个省份，为了确保被试能够迅速捕捉信息，我们在问卷中列举了 15 个西北五省区最具代表性的旅游目的地作为备选和提示，被试也可以自行填写曾经去过或感兴趣的其他旅游目的地。

样本的人口统计学因素分布见表 5 - 1。可以看出，在样本性别构成中，男女占比分别为 55.3% 和 44.7%；在样本年龄构成中，年龄在 16 ~ 25 岁区间的占 7.3%，在 26 ~ 35 岁区间的占 30.6%，在 36 ~ 45 岁区间的占 43.8%，45 岁以上的占 18.3%；在样本学历背景构成中，受教育程度高中（含中专）及以下的占 20.4%，大学本科（含大专）的占 64.4%，研究生及以上的占 15.2%；在样本月收入构成中，月收入在 0 ~ 5000 元区间的占 32.2%，在 5001 ~ 10000 元区间的占 46.3%，在 10001 ~ 20000 元区间的占 12.9%，在 20000 元以上的占 8.6%。总体来看，样本中年轻人所占比例较大，教育背景相对较好，且收入大多处于中等偏上水平。这样的样本结构与研究对象的旅游消费特性比较接近，更有利于得到普适性的结论。

表 5 - 1　　　　　　　　　样本基本统计学状况（N = 441）

基本资料		有效样本数	有效百分比（%）	累计百分比（%）
性别	男	244	55.3	55.3
	女	197	44.7	100
年龄	16 ~ 25 岁	32	7.3	7.3
	26 ~ 35 岁	135	30.6	37.9

续表

基本资料		有效样本数	有效百分比（％）	累计百分比（％）
年龄	36~45 岁	193	43.8	81.7
	45 岁以上	81	18.3	100
教育程度	高中/中专以下	90	20.4	20.4
	大专/本科	284	64.4	84.8
	研究生及以上	67	15.2	100
个人收入（RMB）	0~5000 元	142	32.2	32.2
	5001~10000 元	204	46.3	78.5
	10001~20000 元	57	12.9	91.4
	20000 元以上	38	8.6	100

5.2.2　变量测量

量表是一份问卷的主体，量表设计也是实证研究最为核心的内容。本章对研究模型中所涉及的潜变量采用了多题项测量法测量，变量中所有题项的内容均借鉴了国内外成熟量表，题项的测量采用了结构化的李克特 Likert5 分量，其中，"1"表示"完全不同意"，"5"表示"完全同意"。具体来讲，对因变量目的地品牌资产的测量借鉴了布（Boo）等、荷蒙（Hae-moon）等学者的研究，从品牌价值和品牌忠诚两个部分测量；目的地制度性行为的测量借鉴了米拉（Mira）等、郭（Guo）等学者的成熟量表，为了确保被试能够对目的地制度性行为更全面的理解，参照孙立和何佳讯的做法，在问卷前置部分对旅游目的地有关的制度性行为进行了专门的解释和说明（即，旅游目的地制度性行为主要是指西北五省区区域内的旅游目的地所签署和实施的一系列与"一带一路"倡议相关的制度性行为，如加入"丝绸之路旅游推广联盟""丝绸之路文旅产业联盟"等相关组织，或在营销推广中突出"一带一路""丝绸之路""丝路"等关键词的运用等相关行为），特别地，在预调研过程中发现，被试在评价某个旅游目的地时更多是基于该目的地的具体景区，为保证最终数据的可靠性和严谨性，在正式数据收集时基于旅游目的地的景区进行了相应的设计。品牌合理性的测量借鉴了普拉蒂马和克莱兰（Pratima & Clelland）提出的成熟量表。最后，目的地熟悉度的测量借鉴了巴洛格鲁和曼斯特（Baloglu & Maestro）等的做法，采用旅游经历这一变量来衡量，按照游客"是否去过"所选择的旅游目的地划分为"高目的地熟悉度"和"低目的地熟悉度"，并分别设置成虚拟变量"1"和"0"。

5.3　数据分析与模型检验

5.3.1　问卷信度和效度检验

1. 信度检验

信度（Reliability）分析主要检验两次度量结果的稳定性或一致性，并检验量表题项间的相互符合程度，信度值的大小表示人们对调查结果可信赖程度的大小。针对李克特量表法常用的检验信度方法为 Cronbach'a 系数，数值在 0~1 之间，纳利（Nunnally，1978）所提出的 0.7 信度临界值水平是目前学者们普遍认同和常用的信度检验标准。本书同样使用 Cronbach'a 系数取值的大小来判断信度水平，数据检验结果见表 5-2。

表 5-2　　　　　　　　信度与效度检验结果（N = 441）

变量	测量题项	因子载荷	t 值	CR	AVE
目的地制度性行为（Cronbach'a = 0.774）	该景区参加"一带一路"的相关协议和联盟能有效发挥资源优势和合力效应	0.823	8.98	0.837	0.563
	该景区参加"一带一路"的相关协议和联盟比不参加更能保障旅游产品和服务的质量	0.705	9.78		

续表

变量	测量题项	因子载荷	t 值	CR	AVE
目的地制度性行为（Cronbach'a = 0.774）	该景区参加"一带一路"的相关协议和联盟有助于提升其提供高品质旅游产品和服务的意识	0.774	11.23	0.837	0.563
	该景区参加"一带一路"的相关协议和联盟对其自身的好处大于坏处	0.691	10.36		
品牌合理性（Cronbach'a = 0.823）	该景区的产品和服务是令人满意的	0.712	11.75	0.862	0.557
	该景区的所作所为符合公众的期望	0.801	13.21		
	该景区的产品和服务符合行业和社会规范	0.729	10.23		
	该景区具有得天独厚的品牌资源	0.807	9.54		
	该景区和我对景区的认知差不多	0.674	8.29		
品牌价值（Cronbach'a = 0.791）	该景区价格合理	0.806	9.76	0.858	0.550
	参观该景区，比起我花的钱，我得到更多	0.753	14.05		
	在这个价位内，该景区是一个旅游的好选择	0.815	12.27		
	总体上，我认为来该景区旅游是物有所值的	0.694	10.97		
	较之我付出的金钱、时间和精力，我感觉来该景区是值得的	0.621	9.66		
品牌忠诚（Cronbach'a = 0.819）	我对该景区很依恋	0.679	9.71	0.881	0.598
	我很喜欢该景区	0.761	8.48		
	相比其他景区，该景区对我具有更强的吸引力	0.772	10.74		
	我愿意再次来该景区旅游	0.853	7.65		
	我会推荐其他人来该景区旅游	0.792	10.42		

可以看出，目的地制度性行为、品牌合理性、品牌价值和品牌忠诚四个潜变量的内部一致性系数值在 0.774 ~ 0.823 之间，均超过了纳利（Nunnally，1978）所提出的 0.7 的临界值水平，这说明问卷整体上具有较高的信度水平，能够满足研究需要。

2. 效度检验

效度是指真实数据与理想值的差异程度，效度分析是判断问卷质量高低的一个重要指标，代表了量表的有效性。本章对问卷效度的检验包括内容效度和结构效度两个方面。其中，结构效度又包括收敛效度和区分效度。首先，在内容效度检验方面，由于本章所涉及潜变量的测量量表均来自国内外代表性文献，已经经过了多次检验，因此内容效度能够得到保证。其次，在收敛效度检验中，本章采用验证性因子分析法（CFA）进行判断，测试结果见表 5 - 2。数据显示，每个潜变量测量项目的标准载荷系数均大于 0.6，组合信度（CR）均大于 0.8，平均提取方差（AVE）均大于 0.5，这满足了收敛效度的三项检测标准（Fornel & Larcker，1981），说明问卷的收敛效度较好。最后，本章对区分效度的检验主要是通过回归分析各潜变量之间的相关性判定，检验结果详见表 5 - 3。从表 5 - 3 的数据中可以看出，各潜变量之间的相关系数值在 0.131 ~ 0.565 之间，且均小于 AVE 的平方根，这表明问卷的区分效度较好。因此，总体上问卷数据在信度和效度水平上能够满足研究需求。此外，本章还特别使用豪斯曼（Harman）的单因素检测方法来测试同源性方差。结果表明，研究数据的同源性变异并不严重，不会对研究结论产生实质性干扰。

表 5 - 3　　　　　变量均值、标准差及相关系数（N = 441）

变量	均值	标准差	1	2	3	4
高目的地熟悉（N = 197）						
1. 目的地制度性行为	3.653	0.92	0.750			
2. 品牌合理性	3.541	0.78	0.291	0.746		
3. 品牌价值	3.386	0.65	0.328	0.228	0.742	
4. 品牌忠诚	4.162	0.89	0.408	0.286	0.147	0.773

变量	均值	标准差	1	2	3	4
低目的地熟悉度（N = 244）						
1. 目的地制度性行为	3. 486	1. 13	0. 750			
2. 品牌合理性	4. 077	0. 89	0. 302	0. 746		
3. 品牌价值	3. 716	0. 72	0. 428	0. 246	0. 742	
4. 品牌忠诚	3. 183	0. 53	0. 565	0. 321	0. 131	0. 773

注：矩阵中对角线为各变量 AVE 值的平方根，对角线以下的数据为各潜变量的相关系数。

5.3.2　假设检验结果

本章借鉴巴伦和肯尼（Baron & Kenny）提出的层级回归模型分析法检验文中假设。特别地，从品牌价值和品牌忠诚两个方面对目的地品牌资产进行衡量。鉴于此，对因变量目的地品牌资产的处理将采用品牌价值和品牌忠诚两个变量反映。此外，为了方便对回归结果进行解读并降低回归过程中多重共线性的影响，在回归分析之前，首先对各连续变量按均值进行了数据中心化处理，并对回归系数进行了标准化处理。

1. 直接效应和中介效应分析

按照层级回归分析模型对中介变量的检验程序，分三个步骤检验品牌合理性的中介效应。第一步，用目的地制度性行为分别对因变量目的地品牌资产（品牌价值和品牌忠诚）进行回归；第二步，用目的地制度性行为对品牌合理性进行回归；第三步，用目的地制度性行为和品牌合理性一起分别对因变量品牌价值和品牌忠诚进行回归。根据层级回归分析模型对中介变量的检验要求，需要第一步和第二步的回归系数显著。在第三步中，如果品牌合理性的回归系数显著，而目的地制度性行为的回归系数不显著，说明品牌合理性起到了完全中介作用；如果品牌合理性和自变量目的地制度性行为的回归系数都显著，而目的地制度性行为的回归系数显著减弱，则说明品牌合理性起到了部分中介作用。具体检验结果详见表 5 - 4 和表 5 - 5。

表5-4　　　　　　　　直接效应和中介作用检验层级回归分析
结果—Y：品牌价值（N=441）

变量	直接效应						中介效应	
	品牌价值——模型（1）		品牌价值——模型（2）		品牌合理性——模型（3）		品牌价值——模型（4）	
	系数	t值	系数	t值	系数	t值	系数	t值
常数项	0.20**	2.01	0.24**	2.40	1.08	1.42	0.17	1.64
性别	-0.09	-0.84	-0.08	-0.83	-0.39*	-1.90	-0.09	-0.84
年龄	0.30*	1.92	0.32**	2.05	0.13	0.57	0.35**	2.23
教育程度	0.03	0.68	0.03	0.68	1.22***	4.28	0.03	0.68
收入	0.14	1.43	0.14	1.43	0.47	0.39	0.09	0.92
目的地制度性行为	0.52***	4.17			0.63***	2.75	0.33***	2.64
品牌合理性			0.42***	3.12			0.46***	3.40
Observations	441		441		441		441	
调整 R^2	0.14		0.16		0.20		0.24	
F值	11.13		11.96		13.08		15.08	

注：表中为标准化回归系数，t-statistics in parentheses　***$p<0.01$，**$p<0.05$，*$p<0.1$。

表5-5　　　　　　　　直接效应和中介作用检验层级回归分析
结果—Y：品牌忠诚（N=441）

变量	直接效应						中介效应	
	品牌忠诚——模型（5）		品牌忠诚——模型（6）		品牌合理性——模型（7）		品牌忠诚——模型（8）	
	系数	t值	系数	t值	系数	t值	系数	t值
常数项	0.34***	3.12	0.26**	2.37	1.08	1.42	0.31***	2.83
性别	0.02	0.25	0.02	0.26	-0.39*	-1.90	0.03	0.34
年龄	0.44***	2.63	0.42**	2.51	0.13	0.57	0.46***	2.74
教育程度	0.02	0.34	0.02	0.34	1.22***	4.28	0.02	0.35

续表

变量	直接效应						中介效应	
	品牌忠诚——模型（5）		品牌忠诚——模型（6）		品牌合理性——模型（7）		品牌忠诚——模型（8）	
	系数	t 值	系数	t 值	系数	t 值	系数	t 值
收入	0.08	0.91	0.08	0.91	0.47	0.39	0.07	0.88
目的地制度性行为	0.35 **	2.57			0.63 ***	2.75	0.26 *	1.92
品牌合理性			0.57 ***	3.77			0.59 ***	3.90
Observations	441		441		441		441	
调整 R²	0.19		0.18		0.20		0.22	
F 值	16.45		15.75		13.08		16.01	

注：表中为标准化回归系数，t-statistics in parentheses ***p<0.01，**p<0.05，*p<0.1。

从表 5 - 4 中模型（1）和模型（2）的回归结果可以看出，在控制了人口统计学变量后，目的地制度性行为和品牌合理性对因变量品牌价值具有显著的正向影响（$\beta=0.52$，$t=4.17$；$\beta=0.42$，$t=3.12$）；表 5 - 5 模型（5）和模型（6）中，目的地制度性行为和品牌合理性对因变量品牌忠诚同样具有显著的正向影响（$\beta=0.35$，$t=2.57$；$\beta=0.57$，$t=3.77$）。这说明，目的地制度性行为和品牌合理性能够对目的地品牌资产产生显著的正向影响。因此，假设 H1 和假设 H3 得到了验证和支持。进一步地，从表 5 - 4 模型（3）和表 5 - 5 模型（7）的回归结果可以看出，在控制了人口统计学变量后，目的地制度性行为对品牌合理性具有显著的正向影响（$\beta=0.63$，$t=2.75$；$\beta=0.63$，$t=2.75$）。因此，假设 H2 得到了验证和支持。最后，在中介效应检验中，表 5 - 4 模型（4）的检验结果显示，以品牌价值为因变量，当把目的地制度性行为与品牌合理性全部放进回归模型时，品牌合理性对品牌价值具有显著的正向影响（$\beta=0.46$，$t=3.40$）；与此同时，表 5 - 5 模型（8）的数据显示，以品牌忠诚为因变量，当把目的地制度性行为与品牌合理性全部放进回归模型时，品牌合理性对品牌忠诚同样具有显著的正向影响（$\beta = 0.59$，$t = 3.90$）。我们通过进一步比较表 5 - 4 模型（1）和模型（4）中自变量的回归系数，表 5 - 5 模型（5）和模型（8）中的自变量可以看出，在加入中介变量后，自变量目的地制度性行为的回归系数都显著降低了。因此，根据中介变量检验程序，在目的地制度性行为与品牌资产的关系中，品牌合理性发挥了部分中介作用。因此，假设 H4 得到了支持和验证。

2. 目的地熟悉度的调节效应分析

尽管涉及调节变量为潜变量的分层回归模型对测量误差较为敏感，结果可能会产生一定的偏差，但是这种偏差在变量的内部一致性较高时会达到最小。一般来讲，测量变量的信度水平较高时，采用分层回归模型而非结构方程模型进行数据处理不会对研究结果造成实质性的偏差（Ping，1996；Berens et al.，2005）。因此，为了检验目的地熟悉度在目的地制度性行为对目的地品牌资产影响关系中的调节作用，本章建立分层回归模型（见表 5 - 6）。具体步骤：首先，做因变量对自变量和调节变量的回归。其次，做因变量对自变量、调节变量和自变量与调节变量的交互项的回归，若自变量×调节变量的偏回归系数显著，则表明调节效应显著。具体来讲，分别以品牌价值和品牌忠诚作为因变量，在表 5 - 6 模型（1）和模型（3）的基础上，分别引入目的地制度性行为与目的地熟悉度的交叉乘积项进行回归。可以看出，随着交互性的引入，调整后 R^2 逐步增大，这说明模型得到了更好的拟合。进一步地，从表 5 - 6 中模型（2）和模型（4）的回归结果可以看出，目的地制度性行为与目的地熟悉度的交叉乘积项对品牌价值和品牌忠诚的影响均不显著（$\beta = -0.17$，$t = -0.72$；$\beta = -0.09$，$t = -0.42$），这说明目的地熟悉度在目的地制度性行为对目的地品牌资产的影响关系中调节作用并不明显。因此，假设 H5 没有得到完全支持。

表 5 - 6　　目的地熟悉度调节作用检验（N＝441）

变量	Y：品牌资产——品牌价值 模型（1） β系数	Y：品牌资产——品牌价值 模型（1） t值	Y：品牌资产——品牌价值 模型（2） β系数	Y：品牌资产——品牌价值 模型（2） t值	Y：品牌资产——品牌忠诚 模型（3） β系数	Y：品牌资产——品牌忠诚 模型（3） t值	Y：品牌资产——品牌忠诚 模型（4） β系数	Y：品牌资产——品牌忠诚 模型（4） t值
控制变量								
常数项	0.21**	2.11	0.21**	2.11	0.34***	3.12	0.39***	3.58
性别	-0.09	-0.84	-0.10	-0.93	0.03	0.36	0.03	-0.35
年龄	0.30*	1.92	0.36**	2.29	0.44***	2.63	0.43***	2.63
教育程度	0.02	0.66	0.02	0.66	0.02	0.34	0.03	0.36
收入	0.10	1.43	0.09	1.29	0.07	0.82	0.05	0.59
第一步（主效应）								
目的地制度性行为	0.63***	4.17	0.74***	4.83	0.32**	2.34	0.43***	3.11
目的地熟悉度	0.13	0.62	0.10	0.48	0.18	0.75	0.21	0.86
第二步（调节效应）								
目的地制度性行为×目的地熟悉度			-0.17	-0.72			-0.09	-0.42
调整 R^2	0.14		0.18		0.21		0.22	
F值	11.13		13.65		16.12		16.13	
Observations	441		441		441		441	

注：表中为标准化回归系数，t-statistics in parentheses　***$p<0.01$，**$p<0.05$，*$p<0.1$。

为了进一步检验不同的目的地熟悉度条件下目的地制度性行为对目的地品牌资产影响效应的异同，本章按照目的地熟悉度的高低（按照游客"是否去过"所选择的旅游目的地）进行分组检验（结果见表 5 - 7）。表 5 - 7 数据显示，低目的地熟悉度的条件下，目的地制度性行为对品牌价值和品牌忠诚具有显著的正向影响（$\beta = 0.56$，$t = 4.81$；$\beta = 0.30$，$t = 2.30$），假设 H5a 得到了验证；在高目的地熟悉度的条件下，目的地制度性行为对品牌价值和品牌忠诚的影响同样显著（$\beta = 0.47$，$t = 3.71$；$\beta = 0.39$，$t = 3.12$）。这说明，目的地制度性行为对目的地品牌资产的影响在不同目的地熟悉度条件下都会产生显著影响。因此，假设 H5b 没有得到验证。

表 5 - 7　　　　不同目的地熟悉度条件下的分组回归结果　（N = 441）

变量	低目的地熟悉度				高目的地熟悉度			
	品牌价值（5）		品牌忠诚（6）		品牌价值（7）		品牌忠诚（8）	
	系数	t 值	系数	t 值	系数	t 值	系数	t 值
常数项	0.30 ***	3.53	0.28 **	2.42	0.15	0.92	0.37 ***	3.18
性别	0.01	0.10	0.01	0.23	-0.13	-1.51	0.04	0.37
年龄	0.12	0.82	0.54 ***	4.87	0.26 *	1.84	0.27 *	1.85
教育程度	0.03	0.56	0.02	0.51	0.04	0.59	0.01	0.18
收入	0.21 **	2.13	0.05	0.56	-0.03	-0.35	0.06	0.59
目的地制度性行为	0.56 ***	4.81	0.30 **	2.30	0.47 ***	3.71	0.39 ***	3.12
Observations	244		244		197		197	
调整 R^2	0.25		0.17		0.10		0.20	
F 值	16.52		13.52		8.76		16.87	

注：表中为标准化回归系数，t-statistics in parentheses　*** $p < 0.01$，** $p < 0.05$，* $p < 0.1$。

5.4 研究结论与启示

5.4.1 研究结论与讨论

当前，由于旅游资源同质化现象越来越明显，想要在游客心目中树立独特的品牌地位绝非一朝一夕之功，强势的目的地品牌形象需要制度环境的保驾护航。斯科特（Scott）等制度学派认为制度环境是影响企业成长和发展的关键因素。目前，有关制度性行为的研究主要聚焦于社会或文化认知规范，忽略了政府制度化层面的探讨，然而由于旅游产品的无形性、体验性特点，政府层面的"背书"效应可能更为明显。置于国家实施和推进"一带一路"倡议的制度环境下，本书首次以制度理论为基础，从游客的全新视角系统地分析目的地制度性行为对目的地品牌资产的影响机制，较之以往的研究更具有宏观社会属性。研究发现，旅游目的地可以通过恰当的制度性行为显著提升目的地品牌资产，实证支持了亨德曼和阿诺德（Handelman & Arnold）提出的制度性行为重要性的观点。进一步研究还发现，在我国特有的旅游制度环境中，目的地制度性行为必须要符合游客的合理性认知才能发挥制度效力，即品牌合理性在目的地制度性行为与目的地品牌资产之间发挥中介机制，这清晰地揭示了制度与品牌之间的内在联系，证明了在特定的制度环境中，目的地制度性行为的有效性需要契合游客的心理预期与判断，推进了品牌合理性的研究。此外，研究情境的差异也是研究目的地制度性行为不可忽视的重要因素。在现有研究中，熟悉度被看作影响游客目的地感知的重要情景变量。为确保研究结论的可靠性，在研究目的地制度效应时也将目的地熟悉度作为调节变量引入了研究模型，但发现目的地制度性行为效应的发挥独立于游客目的地熟悉度的高低，这与精细加工可能性模型（ELM）的内在评价机制存在一定偏差。这进一步展现了制度效力对品牌建设影响的特殊性，拓展了精细加工可能性模型（ELM）的适用边界，帮助学者更全面地理解基于游客的目的地品牌资产的来源，也为我国制度与品牌理论的交叉研究提供了一些素材。

5.4.2　营销战略启示

（1）本章的研究结论验证了在目的地品牌塑造过程中目的地制度性行为的重要性，这无疑对目的地品牌资产的提升提供了很好的思路。当前，由于旅游资源同质化现象越来越明显，想要在游客心目中树立特有的品牌地位绝非一朝一夕之功，良好的制度环境能够为目的地品牌的塑造和完善保驾护航，也是有效目的地制度性行为的基础。事实上，在目的地品牌资产提升的过程中，除了靠旅游目的地自身的努力，政府和行业层面的制度保障尤为重要。对于西北五省区来讲，在现阶段的旅游发展过程中，需要实行"政府主导"和"市场机制"相结合的方式。一方面，旅游目的地应该在当前的旅游制度环境积极作为；另一方面，为防止区域旅游合作中的"搭便车"行为，西北五省区还需要在政府或行业层面建立有助于区域旅游协调发展的相关机制，如利益平衡机制、冲突协调机制等，以营造有利的旅游制度环境，进一步保障区域内的旅游目的地能够积极有效作为。

（2）本章的研究结论发现，目的地制度性行为能够通过品牌合理性对目的地品牌资产发挥显著效应。品牌合理性源自游客对目的地的评价和认知，会受到目的地旅游资源、价格、基础设施等各种因素的影响。因此，旅游目的地在品牌塑造过程中，应对游客的品牌合理性认知进行动态跟踪和调查，及时捕捉变化态势，才能准确把握游客需求。实际上，体验当地生活方式已成为西北丝绸之路旅游者的一大诉求。西北五省区是回族、维吾尔族、哈萨克族等少数民族的聚集地，住帐篷，吃牛羊肉、奶制品，骑马、骆驼，游牧，能歌善舞的特色，是吸引游客体验的重要部分。因此，西北五省区应该基于自身的旅游特色，着重为游客打造高质量的旅游体验，高度契合游客当下的合理性认知，进而提升目的地品牌资产。

（3）本章的研究还发现，目的地制度性行为对目的地品牌资产的影响独立于目的地熟悉度的高低，即游客对目的地的熟悉程度并不是目的地制度性行为发挥有效性的外部条件。这表明，不管游客对目的地是否了解，在目的地品牌资产提升过程中，目的地制度性行为都是有效的，再次验证了目的地制度性行为的重要性。因此，现阶段西北五省区在旅游品牌塑造和完善的过程中应合理利用当下有利的制度环境，通过签署和实施的一系列与"一带一路"倡议相关的旅游协议和联盟等行为，打造安全可靠的旅游目的地品牌形象。还需要特别注意的是，塑造强势的旅游目的地品牌形象并非一个简单的营销战略问题，更有可能是一个民族文化自信心的重塑过程。那么，政府在这一过程中应起到引导消费舆论和导向的作用，积极传播中国自身民族文化的特定内涵和优势，为本国的旅游品牌赢得更大的市场份额作出必要的贡献。

第 6 章

西北五省区旅游品牌
基因选择和品牌共建

本书是沿着"品牌共建——品牌共享——共享效果评价"的思路进行的。本章属于"品牌共建"环节，首先对西北五省区旅游品牌基因进行提取和识别，这是品牌共建的基础，只有提取能够代表整个西北丝绸之路地方精神和核心价值的公共品牌基因，才能从整体上塑造强势的西北五省区旅游品牌形象。其次，基于西北五省区旅游品牌基因，从共建目标、共建基础、共建主体和共建内容四个模块分析了西北五省区旅游品牌的共建过程。本章是后续章节开展西北五省区旅游品牌共享机制构建和共享效果评价的前提和基础。

6.1 西北丝绸之路"地格"因子提取

6.1.1 数 据 来 源

"地格"因子提取是西北五省区旅游品牌基因识别的第一步。本书以游记样文为基础，对西北丝绸之路旅游地格因子进行初步收集和提取。通过对携程网、去哪儿网、马蜂窝、驴妈妈等几个常用的旅行网站进行对比分析，本书最终选取马蜂窝网站（www. mafengwo. cn）作为游记样本的采集网站。原因如下：首先，马蜂窝旅行网站的用户量大，活跃度高。其次，马蜂窝旅行网站的大数据和游记是其核心竞争力，网站上的游记资源非常丰富，游记内容客观真实。因此，游记样本更具有代表性和权威性，能够确保研究结论的可信度。鉴于此，本书通过 Python 语言对马蜂窝网站的所需数据进行采集。采集步骤如下：首先，以"丝绸之路"为关键词，对马蜂窝旅行网站上的数据库加以检索，抓取每篇游记的网页链接。其次，枚举各个网页，根据正则匹配获取游记文本。最后，对汇总的游记文本加以筛选，游记中涉及西北五省区任何一个省份的就将其提取，涉及其他省份的将其剔除，同时删除重复和未完成游记，最终获取有效游记 1321 份，共 5733414 字节。

6.1.2　分析方法

ROST – CM 软件是文本分析最常用和便捷的分析软件，可用于对各种来源的文本信息进行分词、词频、语义网络等方面的分析。本书采用 ROST – CM6 文本分析软件对所收集的西北丝绸之路游记文本进行内容分析和语义网络分析。具体处理步骤如下：首先，对所收集的西北丝绸之路游记文本进行中文分词，为确保分词的准确率，在中文分词过程中导出"搜狗输入法"的旅游词库和构建旅游词表。其次，提取西北丝绸之路游记样本中排名前 300 名的高频词条，剔除高频词排名中无效和无意义的词条，如"白天""黑夜""出发""小时""一样"等词条，提炼出西北丝绸之路关键地格因子。再次，利用 ROST – CM6 软件中的可视化功能和语义网络分析功能模块，建立西北丝绸之路游记本文中高频词的"标签云"、并进一步进行语义网络分析。最后，对上述提取的西北丝绸之路关键地格因子进行分类和转码，并补充政府视角下西北五省区旅游目的地的官方旅游宣传口号，最终形成西北五省区旅游品牌基因库。

6.1.3　数据分析

1. 样本游记高频词条分析

在利用 ROST – CM6 软件对西北丝绸之路样本游记文本进行分词、高频词分析处理后，表 6 – 1 列示了西北丝绸之路游记文本高频词排名的 TOP100 关键词。

表 6 – 1　　　　　　　　西北丝绸之路游记文本 Top100 高频词

序号	词条	词频	词条	词频	词条	词频	词条	词频
1	敦煌	18824	草原	3965	自然	2405	味道	1651
2	莫高窟	12909	黄河	3822	风景	2314	古代	1638
3	张掖	12064	长城	3809	油菜花	2249	观景台	1638
4	兰州	10413	喀什	3783	好吃	2210	德令哈	1612
5	丹霞	10244	朋友	3757	日落	2210	景色	1547
6	嘉峪关	9243	西宁	3575	地貌	2533	美丽	1508
7	鸣沙山	8437	玉门关	3562	西域	2210	拉面	1508
8	师傅	7835	甘肃	3497	戈壁	2158	魔鬼	1469
9	公园	8320	大佛	3484	日出	2145	纳斯	1447
10	景区	6643	文化	3474	大巴	2132	西夏	1443
11	洞窟	6604	壁画	3354	佛教	2054	沙洲	1430
12	月牙泉	6383	吐鲁番	3350	文物	2002	卓尔	1430
13	青海湖	6058	西北	3315	青海	1976	大漠	1417
14	雅丹	5902	关城	3211	艺术	1950	羊肉	1404
15	盐湖	5564	夜市	3055	雪山	1937	沙山	1378
16	遗址	5467	骆驼	3016	祁连	1859	兵马俑	1365
17	沙漠	5213	火车站	2964	特色	1833	大西北	1365
18	历史	5200	乌鲁木齐	2837	古城	1794	民族	1352
19	西安	5122	塔尔寺	2782	天山	1781	著名	1339

续表

序号	词条	词频	词条	词频	词条	词频	词条	词频
20	博物馆	5044	祁连山	2773	七彩	1768	清真寺	1326
21	新疆	4563	传说	2665	海拔	1755	盆地	1287
22	火车	4407	高原	2561	机场	1755	城墙	1235
23	酒店	4406	马蹄	2548	天气	1741	天水	1196
24	门票	4394	包车	2535	千年	1703	壮观	1176
25	阳关	4199	地貌	2533	导游	1690	回民	1157

　　为了更清晰直观地显示高频词之间的关系，本书通过 ROST - CM6 软件的可视化功能，建立了西北丝绸之路游记样本高频词的"标签云"，图 6 - 1 显示了西北丝绸之路游记样本高频词条的标签云分布。

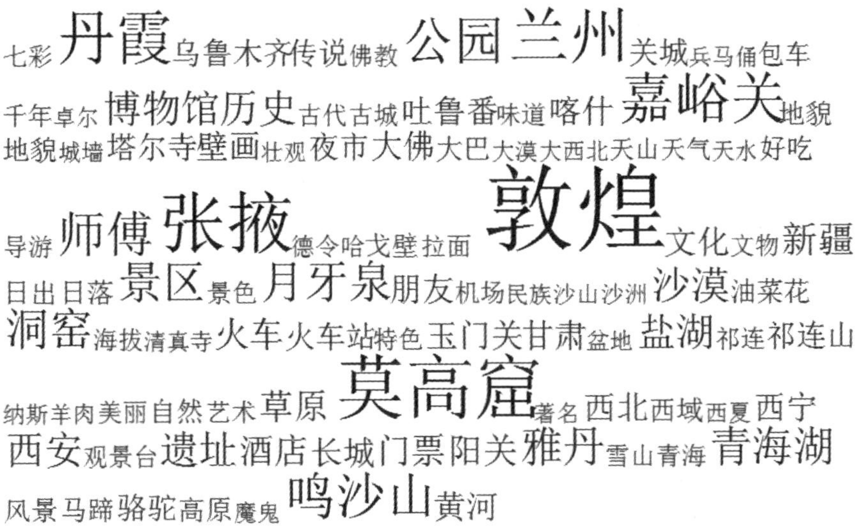

图 6 - 1　西北丝绸之路样本游记词条标签云

　　从表 6 - 1 的高频词分布和图 6 - 1 的标签云分布可以看出，西北丝绸之路旅游区的旅游资源非常丰富，自然资源和人文资源并存，种类多样。

西北五省区的旅游资源既有相似性又有自身特色，客观上具备了品牌共建共享的客观条件。总体来讲，西北丝绸之路旅游区的旅游资源有以下特点：

第一，甘肃河西走廊地带的旅游资源优势明显，目前已经成为西北丝绸之路的核心地带。从表6-1显示的高频词条分布可以看出，在游记文本高频词 TOP100 的排行榜中，甘肃省占据了将近一半的数量，其中"敦煌"和"张掖"的表现尤为突出，词频遥遥领先，这说明甘肃的旅游资源能够得到游客的广泛认同，是吸引游客前往西北丝绸之路地区旅游的重要因素。图6-1标签云的显示结果再次印证了河西走廊旅游资源的聚集性和吸引力，也说明了河西走廊是西北丝绸之路旅游区的金字招牌，是西北五省区旅游品牌基因的重要来源。

第二，西北五省区旅游资源丰富，种类多样，这能够为打造强势的西北五省区旅游品牌形象奠定基础。从表6-1的高频词分布和图6-1的标签云分布可以看出，游记文本中有关自然资源的词条有"沙漠""丹霞""雅丹"等；人文资源的词条有"长城""莫高窟""博物馆"等，这些旅游资源分布在西北五省区不同的省份，省份之间的旅游资源有很大的相似性和互补性，客观上具备了旅游合作的基础，为西北五省区旅游品牌的共建共享提供了可能。

第三，从表6-1的高频词分布和图6-1的标签云分布还可以看出，"敦煌"是支撑西北丝绸之路旅游发展的关键区域，拥有西北丝绸之路旅游区的核心旅游资源，也应成为西北五省区旅游品牌基因的主要来源。在表6-1的词频表中，"敦煌"的词频排名第一，在标签云分布中"敦煌"也最显著，这说明敦煌是游客去西北丝绸之路旅游的必然打卡之地。主要原因是敦煌具有深厚的文化底蕴，拥有"世界佛教艺术宝库"敦煌莫高窟，同时拥有鸣沙山、月牙泉等最能代表丝绸之路特色的旅游资源。因此，在西北丝绸之路旅游发展中，应充分挖掘和利用敦煌的优势资源，通过旅游线路设计和圈层设计，发挥该区域对整个西北丝绸之路旅游发展的辐射带动功能。

2. 旅游情感倾向分析

ROST - CM 软件具备情感分析功能，将分词后的西北丝绸之路游记文本导入 ROST - CM 6 分析软件中进行进一步的情感分析。情感倾向分析结果见表 6 - 2。

表 6 - 2   西北丝绸之路游记文本情感分析   单位:%

情绪类型	正面情感	中性情感	负面情感
百分比	43.36	37.11	6.25
一般（0~10）	5.74		2.01
中度（10~20）	4.06		0.00
高度（20以上）	37.51		0.00

表 6 - 2 的数据显示，总体来讲，游客对西北丝绸之路旅游区的接纳程度还是比较高的，持正面情感游客的比例达到 43.36%，持中性情感游客的比例为 37.11%，而负面情绪游客的比例仅为 6.25%。这说明对于大部分游客来讲，西北丝绸之路旅游资源具有较强的吸引力，能够满足游客预期，游客的旅行体验良好，总体评价正面积极。当然，出现这种结果也不排除旅行体验感较差的游客不愿在网站上公开分享自己糟糕旅行的可能性。

3. 社会网络和语义网络分析

使用 ROST - CM6 分析软件中的社会网络与语义网络分析功能，对西北丝绸之路游记文本进行分析，找出高频词之间的逻辑关系，软件运行结果见图 6 - 2。从图 6 - 2 可以看出，西北丝绸之路游记文本的高频词集中在河西走廊词簇，敦煌位于词簇的中心位置，与西北丝绸之路沿线上的节点城市如兰州、西安、嘉峪关、张掖等均有密切关联。通过分析还可以看出，莫高窟、鸣沙山、月牙泉等景区为敦煌的核心代表。

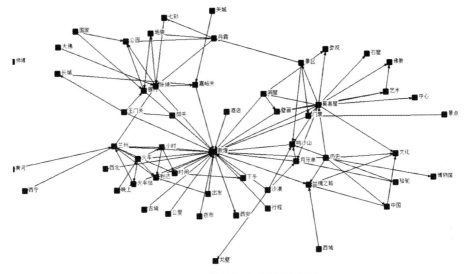

图 6 - 2　西北丝绸之路语义网络图

6.2　"地格"因子分析与转码

6.2.1　转码标准和依据

由前文理论基础分析可知，地格是目的地品牌基因的来源。通过观察分析典型旅游目的地品牌基因的呈现形式发现，目的地品牌基因一般为形容词，国家层面的如"100%纯净新西兰"的"纯净"、"美妙巴西"的"美妙"、"不可思议的印度"的"不可思议"，省际层面的如"灵秀湖北"的"灵"和"秀"，"好客山东"的"好客"等。本书借鉴已有学者的研究成果和现有旅游目的地的品牌营销实践，认为西北五省区旅游品牌基因也应该以形容词呈现，这与上面游记本文中所提取的关键词多为名词有所出入，这可能是因为游客视角下的目的地描述主要是以具体的景点景区为依托。因此，要想筛选和识别西北五省区旅游品牌基因，需要对上面所提炼出的西北丝绸之路地格因子（高频词）进行转码，使之成为描述性的形容词类，便于以后的营销策划和推广。

游记文本的关键词转码主要依据三点：①参考蔡锐（2013）等学者的做法，在麦琪（Maggie）等学者构建的品牌量表基础上，转码过程中综合考虑游客基于目的地生活方式的体验。②回溯游记文本，在原始游记文本库中对各个名词性关键词进行搜索，通过语义网络，找出与其联系最为紧密的形容词。在实际操作中，如遇到一个名词性关键词能延伸出多个形容词，则将该名词的词频平均分配到各形容词上。对于空间类的关键词，若包含的资源类型单一突出，带给游客独特体验，则可进行转码；若包含的资源类型多样，涉及范围广，难以归类，则放弃转码，如"甘肃"等类的关键词。③搜集西北五省区旅游目的地官方旅游宣传口号，配比游记文本关键词的转码结果，补充政府视角下的旅游地格因子，最终形成西北五省区旅游品牌基因库。

6.2.2　分类结果

游记本文中所提取的关键词很多，关键词所反映的资源类别有很多重叠，转码后出现很多意思接近的形容词，如"美丽的""美观的""好看的"，不利于后文"三力"（RAC）品牌基因模型筛选。因此，需要对转码后的形容词进行归类处理，合并重复相近的词条，如将"敦煌""莫高窟""大佛""壁画"等词条归类到形容词"神奇的"的类属。同时，结合西北五省区旅游目的地官方旅游宣传口号，如"丝路温泉，媚丽陕西""精品丝路，绚丽甘肃""塞上江南，神奇宁夏"等，对西北丝绸之路旅游地格因子进行补充和完善。最终将前 100 个高频关键词和西北五省区旅游目的地官方宣传口号进行精简、转码、合并。

根据以上转码依据和编码原则，邀请北京某高校 5 位旅游管理专业研究生（硕士研究生 3 名，博士研究生 2 名）分别独立进行编码，并进行信度检验，判断内在一致性。完成正式编码后，编码员间对类似的词汇进行统一

描述，对某一名词存在差异的分类则共同讨论达成共识，编码者信度为
0.839，高于 0.7 的临界值水平，5 名编码者之间达到较好的一致性。编码
结束后，邀请 2 名专家（2 位旅游研究领域教授）对编码结果进行评议，结
合专家意见，对某个形容词进行了适当修正（将原"西域的"修正为"西
域风情的"），最终得到 8 个关键地格因子，见表 6 - 3。

表 6 - 3　　　　　　　　　西北丝绸之路地格因子转码分类

关键词（转码后）	相关原始词条
美丽的	丹霞；敦煌；月牙泉；青海湖；雅丹；盐湖；沙漠；草原；黄河；壁画；日落；日出；青海；七彩；美丽；沙洲；新疆
神奇的	敦煌；莫高窟；张掖；大佛；壁画；塔尔寺；传说；西域；佛教；艺术；特色；兵马俑；清真寺
壮观的	张掖；丹霞；嘉峪关；鸣沙山；青海湖；雅丹；盐湖；黄河；兵马俑；壮观
古老的	敦煌；洞窟；遗址；玉门关；历史；博物馆；麦积山；阳关；传说；长城；关城；古代；文物；古城；千年
神秘的	敦煌；莫高窟；遗址；大佛；壁画；传说；西域；佛教；艺术；麦积山；文物；清真寺
西域风情的	骆驼；马蹄；西域；特色；拉面；羊肉；回民；新疆；兰州；西安；喀什
肃穆的	塔尔寺；麦积山；石窟；大佛；佛教；清真寺
热情的	司机；朋友；小伙伴；师傅

6.3　西北五省区旅游品牌基因识别

利用第三章构建的"三力"（RAC）品牌基因筛选模型对所提取的八
大地格因子进行筛选，识别出最能反映西北丝绸之路旅游特质和核心价值
的西北五省区旅游品牌基因，为后文西北五省区旅游品牌的共建共享奠定
基础。

6.3.1 "三力"(RAC)品牌基因筛选模型指标赋值

运用层级分析法（AHP）对"三力"（RAC）品牌基因筛选模型指标体系进行赋值。具体来讲，根据"三力"（RAC）品牌基因筛选模型指标体系，构建层次结构模型，见图6-3。

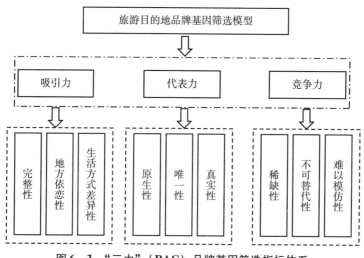

图6-3　"三力"(RAC)品牌基因筛选指标体系

采用德尔菲法邀请对西北丝绸之路旅游目的地较为熟悉的学术界和实践界的15位旅游专家对"三力"（RAC）品牌基因筛选模型中各级指标进行两两对比赋值评分（详细问卷见附录B），构建判断矩阵。在这15位专家中，包括高校旅游研究人员10人（教授2人，旅游管理在读博士3人，在读硕士5人），旅游行业管理人员5人。在所有问卷中，有6份问卷是采用现场采集的形式，其余9份问卷均是通过邮件的形式发放。随后，采用MCE-AHP层次分析软件，对指标的判断矩阵进行权重测算和矩阵的一致性检验。具体来讲：首先，构建一级指标体系（吸引力、代表力和竞争力）的判断矩阵，通过MCE-AHP软件运行，一级指标权重分别为0.2662、

0.4017 和 0.3321，具体详见图 6 - 4。

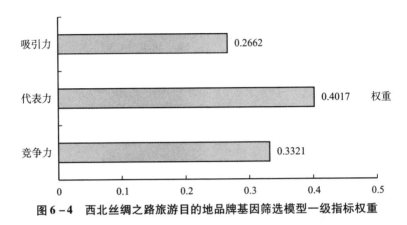

图 6 - 4　西北丝绸之路旅游目的地品牌基因筛选模型一级指标权重

其次，对"三力"（RAC）品牌基因筛选指标体系的二级指标进行权重设置，"三力"（RAC）品牌基因筛选指标体系的二级指标有 9 个，按照一级指标的赋值处理过程，通过 MCE - AHP 层次分析软件进行数据处理，二级指标的权重值见图 6 -5。

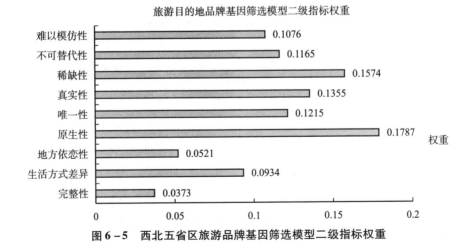

图 6 - 5　西北五省区旅游品牌基因筛选模型二级指标权重

通过比较"三力"（RAC）品牌基因筛选指标体系的权重可以看出，在西北五省区旅游品牌基因筛选时，一级指标的权重赋值顺序为：代表力 > 竞争力 > 吸引力，这也说明根植于地方旅游特质和核心价值所产生的代表力更能体现西北丝绸之路的核心特征；二级指标的权重赋值顺序为：原生性 > 稀缺性 > 真实性 > 唯一性 > 不可替代性 > 难以模仿性 > 生活方式差异性 > 地方依恋性 > 完整性，说明西北丝绸之路旅游资源本身的原生性和稀有性能够更好地体现丝绸之路的文化内涵和独特地格。总体来讲，西北五省区旅游品牌"三力"（RAC）品牌基因筛选模型如图 6 - 6 所示。

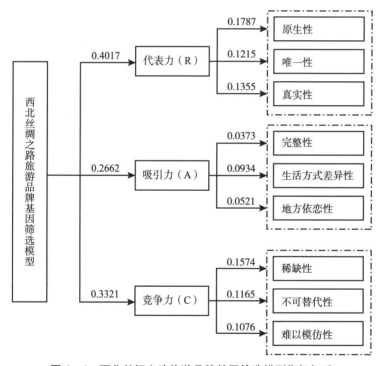

图 6 - 6　西北丝绸之路旅游品牌基因筛选模型指标权重

6.3.2　西北五省区旅游品牌基因筛选

采用赋值后的"三力"（RAC）品牌基因筛选模型对前文所提取的西北

丝绸之路八大关键地格因子进行筛选，进而识别出西北五省区旅游品牌基
因。首先，为确保前文提取的八大地格因子能够反映西北五省区旅游品牌基
因，以这八大关键地格因子为指标，设计李克特 5 分量表，对地格因子对西
北五省区旅游品牌基因的体现度进行调查（具体问卷详见附录 C）。其中，
"1"表示"十分不体现"、"5"表示"十分体现"，评价得分越高，表明地
格因子对品牌基因的体现度越大。特别地，为确保研究结论的可靠性，本书
从政府视角（地方政府旅游从业人员）、游客视角和当地居民视角三个角度
对所提取的地格因子进行评价，问卷的发放也是基于这三类群体进行的。由
于全国疫情的阶段性反复，本书对当地居民和当地政府旅游从业人员的调研
只去了新疆喀什、陕西西安和甘肃敦煌三个旅游目的地，后续规划要去的旅
游目的地没有合适的机会进行实地调研。但是相对来说，新疆喀什、甘肃敦
煌和陕西西安三个旅游目的地具有完整的自然和人文景观，地方特色保存完
整，多种生活方式并存。因此，这些旅游目的地具有较强的代表性，调研结
果不会对研究结论造成实质性偏差。

本次累计发放问卷 389 份，在剔除无效问卷后，最终符合本书的有效问
卷共 344 份，其中在有效问卷构成中，当地居民的问卷 107 份，当地政府旅
游从业人员的问卷 39 份，游客的问卷 198 份。通过 SPSS 软件对问卷数据进
行处理，得出了上文提取的西北丝绸之路八大地格因子对"三力"（RAC）
品牌基因筛选模型二级指标的体现度水平，具体数值见表 6 - 4。

表 6 - 4　　　　　西北丝绸之路旅游"地格因子"对品牌基因
筛选模型的指标体现度

项目	原生性	唯一性	真实性	完整性	生活方式差异性	地方依恋性	稀缺性	不可替代性	难以模仿性
美丽的	4.65	4.54	4.32	3.42	4.63	4.24	3.65	4.16	4.04
神奇的	4.77	4.45	4.42	4.36	4.01	3.25	4.62	4.81	3.56
壮观的	4.13	2.02	3.76	3.95	4.03	3.58	3.25	3.14	3.22
古老的	3.74	2.02	3.56	4.01	3.55	2.26	4.59	2.56	1.71

续表

项目	原生性	唯一性	真实性	完整性	生活方式差异性	地方依恋性	稀缺性	不可替代性	难以模仿性
神秘的	4.55	4.86	4.24	4.54	3.65	3.98	3.76	3.87	3.26
西域风情的	4.74	4.06	3.96	2.71	4.72	3.08	3.25	3.72	4.71
肃穆的	3.06	1.52	2.32	2.53	2.98	4.21	1.96	2.76	2.58
热情的	3.16	2.04	3.27	3.97	3.92	4.53	4.08	3.81	3.13

接下来，根据八大地格因子对"三力"（RAC）品牌基因筛选模型中指标的体现度，结合"三力"（RAC）品牌基因筛选模型中指标体系的各自权重，进行西北五省区旅游品牌基因筛选，数据计算见公式（6-1）：

$$M_i = \sum A_{ij} \times Q_{ij}(i = 1, 2, \cdots 8) \tag{6-1}$$

其中，M_i 为旅游目的地品牌基因的重要程度，A_{ij} 为八大因子对二级指标的体现度，Q_{ij} 为二级指标的权重。通过公式 6-1 计算，得出西北丝绸之路旅游八大地格因子的重要程度排序为：神奇的＞美丽的＞神秘的＞西域风情的＞热情的＞壮观的＞古老的＞肃穆的。每个因子的具体数值大小见图 6-7。

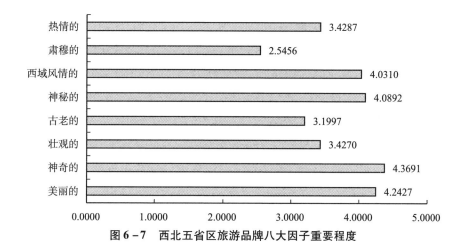

图 6-7　西北五省区旅游品牌八大因子重要程度

总体来讲，西北五省区旅游品牌基因源于这八大地格因子，西北丝绸之路旅游资源所具有的"神奇""美丽""神秘"等特质，是西北五省区旅游品牌独特的品牌基因。西北五省区旅游品牌的品牌化过程，即品牌定位、品牌设计、品牌传播和品牌管理都应该基于这些独特的品牌基因，最终打造出能够对西北丝绸之路旅游资源具有代表力、对客源地游客具有吸引力、对竞争地具有竞争力的强势的西北五省区旅游品牌形象，提升整个西北区域旅游品牌的竞争力。

6.4　品牌基因视角下西北五省区
旅游品牌共建

早在 20 世纪 80 年代，国家旅游局向全球推出了两条黄金旅游线路，其中一条就是丝绸之路旅游线，然而在经历了 30 多年的丝绸之路旅游开发之后，作为国内丝绸之路核心路段的西北五省区的旅游经济发展水平依然低下，区域旅游品牌竞争力微弱。现阶段，西北五省区通过品牌共建，提升整个西北五省区旅游品牌形象和竞争力是西北旅游发展的当务之急。"品牌共建"是"品牌共享"的基础，是品牌"供给"视角下的品牌塑造。事实上，西北五省区旅游品牌的共建过程就是分析和解决共建目标、共建主体和共建内容的过程，各模块的具体内容和逻辑关系见图 6 - 8。

6.4.1　共建目标

西北五省区旅游品牌的共建目标可以从"需求"和"供给"两个角度说明。从"需求"视角来讲，丝绸之路旅游品牌的共建目标是满足游客的旅行预期。西北丝绸之路区域是少数民族聚集区，旅游资源具有特殊的自然生态和文化内涵，这也是吸引游客前往的关键因素。因此，在西北五省区旅游品牌共建中，需要能够体现丝绸之路地方精神、地方依恋与核心价值，即

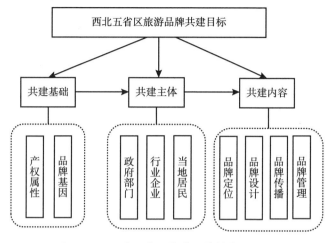

图6-8　西北五省区旅游品牌的共建过程

西北五省区旅游品牌共建需要基于西北五省区旅游品牌基因。从"供给"角度来讲，由于目前西北丝绸之路旅游区内各旅游目的地的旅游资源禀赋差异较大，营销方式散乱，因此在"供给视角下"西北五省区旅游品牌的共建目标是进行区域内旅游资源的整合，通过制定和实施协调营销战略，打造一个与千年古丝绸之路地脉和文脉相契合的丝绸之路旅游品牌形象。

6.4.2　共建基础

1. 产权属性

区域旅游品牌的产权是一个产权束构念，包括整个区域旅游品牌的所有权、经营权、收益权、管理权等方面。对于区域旅游品牌而言，往往难以界定其具体的产权归属，强势的区域旅游品牌形象可以使该区域范围内的所有组织、单位及个人获得收益，即便其没有为品牌构建付出成本，同样它在使用该品牌的同时并不能排除其他主体使用。因此，对于该区域而言，区域旅游品牌不具有排他性。区域内任何一方作出有损于品牌形象的行为，其他成员也会因品牌价值的降低而受到影响；相反，任何一方作出提升品牌价值的行动，其他成员也会从中受益，但是这种受益又有不均衡性，即各个成员之间也存在着竞争关系。因此，从经济学视角来讲，区域旅游品牌属于准公共物品，产权归属于区域内所有的利益相关主体。一般来讲，准公共物品的供给可以有三种形式：即公共部门供给、私有部门供给、公共部门与私有部门联合供给。由于涉及公众利益，任何一种供给方式都必须在政府部门的许可下才能获得合法性。因此，区域旅游品牌的塑造和使用必须在政府部门主导下进行。

丝绸之路旅游品牌所涵盖的旅游区域主要包括我国西北的陕西、甘肃、宁夏、青海和新疆五个省级区域，也是属于区域旅游品牌的研究范畴，沿线各市场主体都可以在没有付出成本的情况下进行品牌共享，但由于其他客观条件，各市场主体又会在收益方面存在差异。因此，从经济学角度来看，西北五省区旅游品牌属于准公共物品，品牌共享过程中很容易产生外部性问题。西北丝绸之路沿线任何一方主体作出有损丝绸之路品牌形象的行为，就会让其他共享者受到不利影响，且很容易产生"公地悲剧"现象。当然，这种外部性不仅仅由私人部门引起，沿线地区的地方政府行为同样会导致类似结果。由于自然禀赋、历史积淀等客观原因，西北五省区拥有的旅游资源数量、质量以及开发潜力很不均衡，由于这些差异很难量化分割，这很容易导致各主体无法就利益分配达成一致意见。现阶段，为追求本地旅游经济发展，部分地方政府在共享丝绸之路旅游品牌过程中出现了恶性竞争，这使得划分和命名已经比较混乱的丝绸之路品牌更加纷繁复杂，导致品牌整体形象渐微和竞争力下降，容易产生"公地悲剧"。因此，西北五省区旅游品牌的产权属性特征是品牌共建的重要基础。

2. 品牌基因

我国西北丝绸之路旅游区自然生态独特、文化历史脉络清晰，在千百年的发展过程中，沿线各地区形成了共同的"丝绸之路"品牌基因，这是打造统一的丝绸之路旅游品牌形象的客观基础。首先，在文脉上，古"丝绸之路"本是一条古代国际商旅之路，历史上，并无一个专有名词来描述这条商旅之路，直到德国地理学家李希霍芬（Richthofen）在 1877 年所写的

《中国亲程旅行记》一书中才将其称为"丝绸之路"。此后，这个具有强烈历史文化内涵的名词得到了广泛的认可。千百年来，伴随着商品贸易和人员的交流，沿线各地的文化相互碰撞，成为东西方之间以及中国游牧民族和农耕民族之间的交流之路，沉淀了丰厚深邃的文化遗存。沿线古朴敦厚的多民族风情，以及"世界佛教艺术宝库"敦煌莫高窟，"世界第八奇迹"秦始皇兵马俑等众多的陵墓、石窟、寺庙、关隘、烽燧、古城等，无不体现着质朴、厚重、包容等相似性和传承性的文脉和古老、肃穆、西域风情等品牌基因。其次，在地脉上，西北丝绸之路旅游区跨越了我国三大阶梯地形的第一、第二两个阶梯，分布着山地、高原、盆地、走廊平原等多种形态，如陕西境内的绵延起伏、古朴浑厚的黄土高原和"尘土飞扬"的八百里秦川，甘肃河西走廊的雅丹地貌、大漠戈壁、黄河奇观石林等自然景观，宁夏的塞上江南，青海的巍巍昆仑、戈壁和雪山，新疆的塔克拉玛干大沙漠等，形成了原始、雄浑、荒凉、神奇的令游客向往的自然地脉和神奇、美丽、壮观等品牌基因。因此，共同的品牌基因是西北五省区旅游品牌共建的基础和动力。

6.4.3　共建主体

西北丝绸之路旅游区行政关系复杂，品牌共建主体多样，其中地方政府、旅游行业企业和当地居民是西北五省区旅游品牌共建的三大主体。不同的共建主体承担着不同的角色和作用。第一，政府部门。政府部门主要指西北五省区各旅游目的地的地方政府，在西北五省区旅游品牌共建过程中应发挥主导作用，他们的角色定位主要体现在两个方面：①宏观监管作用，例如制定区域整体旅游发展规划，形成品牌共建的顶层设计；建立网络成员间的合作规则、制度，保证品牌共建过程的公正性等。②微观参与作用，例如参与丝绸之路旅游品牌化过程的具体环节，在品牌定位和设计中提供具体方案，在品牌宣传中整合营销手段，规划旅游线路等，在品牌维护中监测市场动态，监督网络成员的营销行为。第二，旅游行业企业。旅游行业企业主要是指目的地的景区、旅行社、酒店等提供旅游产品及其配套服务的企业，在品牌共建过程中，他们的角色定位主要体现在：①遵守合作约定，积极参与丝绸之路旅游品牌共建，在统一规则下开展品牌形象推广及旅游产品营销，根据外部环境变化对旅游产品和服务进行创新；②善于利用主副品牌模式，基于供丝绸之路的主品牌，设计契合当地特色的副品牌，将丝绸之路品牌所蕴含的抽象内涵转化为具体的产品和服务。第三，当地居民。在品牌共建中，当地居民主要承担支持与参与的责任。旅游的发展能够给当地居民带来就业和机遇，当地居民也会深刻地影响游客对当地的印象，因此要有意识地培育当地居民的主人翁意识，充分调动当地居民的积极性，为品牌共建做支撑。

6.4.4　共建内容

共建内容是共建主体具体的品牌化活动，主要沿着目的地品牌化路径开展品牌共建，即从品牌定位、品牌设计、品牌传播和品牌管理四个模块共建西北五省区旅游品牌。

1. 确立品牌定位

品牌定位是目的地品牌化的第一个步骤，也是形成目的地品牌差异化的关键步骤。现阶段，随着旅游资源和产品同质化现象越来越严重，成功的品牌定位能够让目的地在游客心中耳目一新，获得更多生存和发展的机会。品牌定位要与旅游目的地的发展理念、文化和价值联系起来，根据独有的地质地貌自然景观或者独特的人文旅游资源树立不可替代的品牌形象。品牌定位还需要考虑游客的心理预期，帮助游客在旅行过程中寻求个人身份和地位的认同。在旅游实践中，可以通过实地调研深入了解潜在游客的旅行动机，使得品牌定位能够更好地契合游客实际需求。在具体的西北五省区旅游品牌定位中，应该基于"美丽""神奇""古老"等西北五省区旅游品牌基因对区域旅游产品、服务与形象等进行设计，选取一个简洁的定位主题，使自己与同类旅游产品的竞争者区别开来，成为潜在游客的首选对象，就如国外游客一提到中国就立即想到长城一样,让国内游客一提起汉唐文化、中西交流,就想到西北丝绸之路。此外,旅游消费升级背景下,传统的旅游观光时代正在逐步被休闲度假旅游代替,游客更加关注目的地的文化内涵、生活方式以及各种浸入式体验,更加追求旅游品牌带来的象征意义。西北丝绸之路旅游区文化底蕴深厚,应该立足于区域的文化特色,充分发挥文化在提升旅游目的地资源附加值方面的作用,在西北五省区旅游品牌定位中充分考虑文化因素。

2. 强化品牌设计

清晰、独特、有价值的品牌定位可以让品牌在游客心中占据独特的位置,但要想让它起作用,真正让潜在游客产生正面积极的联想,还需要通过独特的名称、朗朗上口的口号、联想丰富的标识、独特直观的形象等品牌要素让游客形成和强化品牌定位。品牌设计就是运用某一标签和短语去反映定位概念,从而快速而简明地传达定位内容的基本要义。通过品牌标识、符号、宣传语等可视要素进行西北五省区旅游品牌设计是西北五省区旅游品牌共建的核心内容。事实上,虽然丝绸之路旅游品牌这一称谓早已被大众广为接受,但至今还没有形成一个能够代表西北丝绸之路沿线地脉和文脉的品牌标志、符号、宣传语等可视要素。同时,由于丝绸之路沿线各地缺乏有效的合作和约束机制,仅仅片面利用丝绸之路品牌之名为当地旅游服务,进一步割裂了丝绸之路旅游品牌的整体形象。因此,在西北五省区旅游品牌设计时,应基于西北五省区旅游品牌基因,充分展示西北地区地方精神和核心价值,体现西北丝绸之路旅游区古老、神秘、热情、西域风情的关键地格,进行准确的口号设计和品牌可视要素设计,这是西北五省区旅游品牌共建的关键环节。

3. 整合品牌传播

品牌传播是品牌化路径的第三个阶段。品牌传播是确定好品牌定位和品牌设计后,充分利用各种传播手段,进行有效的品牌推广。现在不是酒香不怕巷子深的年代,为了让目标游客了解到旅游目的地的相关信息,仅有清晰、独特的品牌定位,易于记忆和推广的名称、形象、口号还不够,还需要在适当的时间以适当的方式将这些信息都有效地传递给潜在游客，这个环节很重要。在一个资源有限的区域或某个景区，可采取单一的品牌模式，但由于西北丝绸之路旅游区行政关系复杂，自然和人文资源丰富，旅游企业经营松散且各地区旅游企业之间不存在隶属关系，可以考虑选择主副品牌模式，即在丝绸之路主品牌的顶层设计下，各子目的地充分挖掘自身旅游特质来构建自身的副品牌。在品牌传播上，实施整合营销策略，以"丝绸之路 + 地方品牌"的方式进行传播，并确保主副品牌的协调性。此外，还需要整合传播渠道和手段。当前传播媒体逐渐呈现大众化和多元化趋势，单一传播方式已经无法满足人们的信息需求，西北五省区旅游品牌的传播必须树立全媒介视野和大众传播观念，充分利用大数据、互联网和新媒体等多种传播手段进行营销推广，如可以利用大数据技术挖掘游客特征，利用微信等新媒体进行精准传播，创建由视频、动画、图片、声音、文本等数字化信息元组成西北五省区旅游品牌信息元数据库等新手段和新技术为品牌共建提供支撑。

4. 加强品牌管理

任何一个品牌都需要时间来打磨，品牌管理是保障目的地品牌化顺利进行的重要环节，是链接品牌定位、品牌设计和品牌传播的重要途径，品牌管理完成了目的地品牌化的闭环。有效的品牌管理不仅可以从制度上预防不当行为，也可以通过监测品牌的运行情况及时发现不利于整体品牌发展的行为并采取措施以保证品牌的健康发展。西北五省区旅游品牌共建主体需要通过协同的方式实现对西北五省区旅游品牌的有效管理。西北丝绸之路旅游区有很多非物质文化遗产，这些独特的旅游资源很容易遭到过度开发和破坏，做好这类旅游资源的开发和保护也是提升西北五省区旅游品牌形象的重要保障。另外，在当今自媒体时代，品牌的负面消息会迅速地通过互联网发酵，出现"群体极化"的现象，产生严重的多米诺骨牌效应。要保证丝绸之路旅游品牌的可持续健康运行，品牌维护和危机管理也是共建中的重要一环。严禁不符合事实的虚假宣传和宰客行为，禁止使用概念进行炒作等过度营销行为。实时监测游客舆情动态，对负面言论，及时采取措施，消除公众疑虑，及时修复品牌形象，这也是品牌管理的重要模块。

可以看出，西北五省区旅游品牌的共建需要在共建目标统领下，以目的地品牌产权属性和品牌基因为共建基础，以政府部门，旅游行业企业和当地居民为共建主体来实施共建内容，进而改变现阶段西北五省区旅游品牌形象模糊、竞争力低下的现状，推进西北丝绸之路旅游经济协调发展，对接和服务国家"一带一路"倡议。

第 7 章

西北五省区旅游
品牌共享机制构建

本章首先基于新制度经济学视角对西北五省区旅游品牌的共享障碍进行分析，重点采用协调博弈模型对区域旅游合作中的竞争和合作关系进行分析，深入探究西北五省区区域旅游合作的可能性和动力。其次，依据共享经济发展理论，选择契合西北五省区旅游品牌发展特色的品牌共享模式。最后，从制度经济学视角，构建西北五省区旅游品牌的共享机制。

7.1 西北五省区旅游品牌共享障碍分析

7.1.1 西北五省区旅游品牌的产权属性

由第 6 章分析可知，西北五省区旅游品牌属于区域旅游品牌的研究范畴，具有属于准公共物品属性。由于沿线的市场主体都可以在没有付出成本的情况下利用丝绸之路的品牌形象对外宣传，具有非排他性；各市场主体又会在收益方面存在差异，即具有一定的竞争性。因此，从经济学角度来看，丝绸之路旅游品牌属于准公共物品。因此，由于西北五省区旅游品牌的产权属性特征，仅靠私人主体进行品牌塑造难以实现品牌形象的整体提升，采取由政府主导，其他利益相关主体参与的共建模式才符合经济学规律。鉴于此，通过构建西北五省区旅游品牌共享机制，约束和规范沿线相关主体行为，消除负外部性，发挥区域旅游经济的合力优势，提升整个西北五省区旅游品牌形象和竞争力，是现阶段西北五省区旅游经济发展的当务之急。

7.1.2　协调博弈视角下西北五省区竞合关系分析

1. 协调博弈

协调博弈是基于新制度经济学理论，是竞合关系博弈分析的一种类型。在协调博弈中，参与人是经过多次博弈，而非一次性博弈，因此，博弈均衡的选择问题是博弈参与人之间多次协调的结果。参与人之间的预期和行为两个方面的一致性是分析协调博弈均衡点的前提条件。在这两个前提条件下，虽然在博弈过程中，会出现多个非均衡点，但是通过博弈参与人的有效协调，能够达到最终的博弈均衡。

2. 西北五省区竞合关系的博弈分析

实践表明，在区域旅游品牌营销过程中，品牌共享区内的各地方政府机构发挥着关键作用。参照庞笑笑（2014）的分析方法，在分析区域旅游品牌共享区内各行政单元之间的竞合关系时，为简化分析过程，可以将地方政府看作是唯一参与主体，在政府部门主导下进行区域旅游品牌的建设也更符合经济学解释。总体来讲，地方政府在区域旅游品牌营销过程中会有合作或不合作两种方案，如何选择不同的方案，就是一个协调博弈的过程。以下采用协调博弈分析的方法，对整体利益视角下区域旅游品牌共享区内各行政单位政府的行为进行分析，以探究西北五省区地方政府在西北五省区旅游品牌建设过程的竞合关系。

为便于分析博弈过程，需要做如下假设，这些假设总体上也符合现实情况：第一，假设区域内的行政单元数量为 Q。第二，假设以市场份额作为竞争内容，且市场总量是固定的，在争夺之前每个行政单元所拥有的市场份额都是均等的，即 W。第三，假定旅游收益和市场份额之间存在一一线性关系。第四，假设区域内各行政单元面临的问题都相同，即巩固和稳定自身的市场占有量，或者选择同时争夺其他人的市场份额。为简化分析的计算过程，本书定义区域内各行政单位为扩大自己的市场份额，拟将其扩大至 $2W$。在争夺市场过程中，必然要付出成本，假定成本是 c。因此，一行政单元成功地将市场份额扩大到 $2W$ 后的最终收益为 $2W - c$。但是否能够成功地扩大到 $2W$，还要取决于被争夺方的策略。本书进一步假设，在被争夺方采取防范措施时，将市场份额扩大到 $2W$ 的成功概率为 50%，在被争夺方不采取任何防范措施时，将市场份额扩大到 $2W$ 的成功概率为 100%。而被争夺方在面对市场被争夺时，有可能会采取防范措施，也可能不采取任何措施，这取决于防范的成本和防范的成功概率。假定防范的成本为 a，防范成功的概率为 50%。根据上述假设及分析，具体博弈过程的分析如下：

在整个区域内，旅游市场的占用总量为 QW，同时品牌共享区内的各个行政单元在品牌共享区内所占的份额一样。每个行政单元 i 选择 Q 个数字中的一个 i = "$0, 1, \cdots, i-1, i+1, \cdots, Q$"，表明其准备争夺哪个行政单元的市场，其中，"0"表示不参与争夺。那么，其协调博弈的收益分布情况如表 7 - 1 所示。

表 7 - 1　　　　区域旅游品牌内各行政单元政府争夺旅游市场收益表

项目	争夺且成功	争夺且失败	不争夺
防范成功或没被争夺	$2W - c - a$	$W - c - a$	$W - a$
没防范且没被争夺	$2W - c$	$W - c$	W
没防范且被争夺	$W - c$	$- c$	0
防范失败	$W - c - a$	$- c - a$	$- a$

实际上，对于某个行政单元 i 来讲，可能会面临区域内剩余 $Q-1$ 个竞争对手，i 要预期是否会面临其余 $Q-1$ 个行政单元对自身旅游市场的争夺。如果 $Q-1$ 个行政单元中仅有一个会去和 i 争夺旅游市场，若 i 有防范，争

夺的成功率是50%，若 i 没有防范，争夺的成功率是100%。可以推断，若与 i 争夺，获得的最小收益为：

$$\min\left[\frac{(W-c)}{2}+\frac{(-c)}{2};\ W-c\right]=\frac{(W-c)}{2}+\frac{(-c)}{2}=\frac{W}{2}-c \quad （7-1）$$

本书假设 $\frac{W}{2}>a>c$ 在整个博弈过程中总是成立，由此，公式（7-1）恒为正，这会导致 i 的市场被争夺，而 i 也会选择争夺其他单元的市场。显然，所有的行政单元都会去参与争夺他人的市场。再考虑被争夺方是否采取防范措施，如果被争夺方采取防范措施，i 的成功率是50%，如果不防范，成功率是100%。此时，i 的预期最小收益为：

$$\min\left[\frac{(W-c)}{2}+\frac{(-c)}{2};\ W-c\right]=\frac{(W-c)}{2}+\frac{(-c)}{2}=\frac{W}{2}-c \quad （7-2）$$

由此可以看出，所有行政单元都会选择争夺方案。

被争夺方是否采取防范措施，不仅取决于防范成本 a，还取决于防范的成功概率。假定防范的成功概率为50%，则采取防范后的预期收益为：$\frac{(W-a)}{2}+\frac{(-a)}{2}=\frac{W}{2}-a$，由于该收益为正，而不采取防范的收益则会失去市场份额，其最终收益为0。因此，基于收益最大化的考量，所有行政单元在面对被争夺时都会选择防范措施。因此，表7-1进一步转化为表7-2。

表7-2　　　　区域旅游品牌内各行政单元政府争夺旅游市场收益表

项目	争夺且成功	争夺且失败
防范且成功	$2W-c-a$	$W-c-a$
防范且失败	$W-c-a$	$-c-a$

因此，各行政单元在争夺市场过程中可能获得的最终收益为：

$$V_{(i)}=\frac{(2W-c-a)}{4}+\frac{(W-c-a)}{4}+\frac{(W-c-a)}{4}+\frac{-c-a}{4}=W-c-a$$

$$（7-3）$$

由于 $W-c-a$ 要小于没有竞争前市场占有量，因此，区域内各行政单元采取竞争的方式最终会两败俱伤，从而导致整个社会福利降低，因而采取合作方式更符合所有成员的利益。

3. 区域间竞争和合作协调治理的博弈分析

由上面的博弈分析可知，区域内各行政单元相互竞争的结果是导致所有成员的收益都降低，而采取合作的方式协调一致对外竞争是更理性的选择。在协调治理下，可以将区域内的所有行政单元构成一个整体，一方面避免了内耗，另一方面在对外争夺和防范过程中所花费的成本可以由区域内的成员共同分担，从而降低每个成员"单打独斗"的成本。但在协调区域合作过程中也面临着协调成本的问题，且协调成本会随着区域内合作成员的增加而产生规模递增的效应。当成员达到一定数量后，巨额的协调成本及低效的工作效率最终会导致合作失败。

在以下博弈分析过程中，本书假设区域内各行政单元在避免区域内部争夺的基础上，通过对区域外部旅游市场的争夺来扩大区域整体市场容量。通过构建协调机制，能够保证参与合作的行政单元原来拥有的市场份额 W 不变。由于协调成本存在规模递增效应，不可能所有的 Q 个行政单元都加入合作组织，因此，本书进一步假设区域内有 $S(S<Q)$ 个单元加入合作组织，且合作组织的协调成本在 $\left[0, S^{*}\right]$ 之间。令 $D_{s}=g_{(s)}$ 为协调总成本，同时假设：

$$g_{(1)} = a; \qquad\qquad (7-4)$$

$$g_{(S+1)} - g_{(S)} > 0; \qquad\qquad (7-5)$$

$$\left[g_{(S+2)} - g_{(S+1)}\right] - \left[g_{(S+1)} - g_{(S)}\right] > 0 \qquad (7-6)$$

由于存在规模递增效应，可以看出合作协调成本是凹函数，其曲线变化过程如图 7-1 所示。

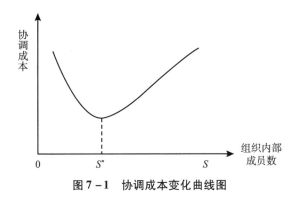

图 7-1　协调成本变化曲线图

当 $S < \dfrac{Q}{2}$ 时，以 S 个成员为整体对外竞争能够获得收益，同时 S 个成员也试图争夺 $Q - S$ 中的其他行政单元的资源，此时总的预期收益将为 $V_{(S)} = S(W - c) - g_{(s)}$，由于 $g_{(s)}$ 是个凹函数，有：

$$Q\,\frac{V_{(S)}}{S} = \frac{S(W - c)g_{(s)}}{S} = W - c - \frac{g_{(s)}}{S}，而且\frac{g_{(s)}}{S} < a \qquad (7 - 7)$$

$$\therefore \frac{S_{(s)}}{S} > M - c - d \qquad (7 - 8)$$

这说明，参与合作的成员，其预期收益要高于其单独行动下的收益。

当 $\dfrac{Q}{2} < S < S^*$ 时，就有更多的行政单元愿意加入这个组织中，于是在 S 中，仅仅有 $Q - S$ 个行政单元能够争夺组织外的旅游市场，但是，组织内的所有行政单元都可能会遭到争夺。此时，组织整体的预期收益为：

$$V_{(S)} = (Q - S)(W - c) + [S - (Q - S)]W - g_{(s)} > W - c - a \qquad (7 - 9)$$

由此，越来越多的行政单元基于收益最大化的考虑而参与合作。但当 $S > S^*$ 时，在规模报酬递增效应的作用下，合作组织的协调成本就会非常大，且协调工作效率低下，就开始出现有成员退出的情况。因此合作组织不可能囊括所有的行政单元。一般情况下，那些经济发展水平相当，相似性与互补性强的成员更愿意进行合作，且也能够降低协调成本。

通过上述区域内和区域间行政单元之间的协调博弈分析可以看出，西北五省区地脉、文脉具有相似性和传承性，且互补性极强，加之地理位置毗邻。因此，组织协调成本较低。此外，在整个西北五省区旅游品牌的塑造和提升中，西北五省区具有合作的驱动力，恶意的市场争夺不可取，通过政府间的合作能够实现收益最大化，进而使区域旅游经济得到整体提升。

7.2　西北五省区旅游品牌共享模式选择

如前文分析，西北五省区地理位置毗邻，文化资源丰富，各省旅游资源具有一定的相似性和互补性，客源市场有很大重叠，如果各自为战，在旅游发展中不可避免地会为了争夺市场产生竞争，不利于整体视角下区域旅游经济的协调发展。西北五省区只有通过区域旅游合作，才能在整合旅游资源的基础上形成合力优势，提升整个西北五省区旅游品牌形象和竞争力。本小节基于共享经济的发展理念，通过对共享经济发展阶段的分析和案例讨论，选择契合西北五省区旅游品牌发展特色的品牌共享模式。共享经济从整体上颠覆了人们对传统消费的认知，弱化了商品或服务的所有权。根据共享经济理念，消费者购买商品关注的是消费过程而不是商品的最终所有权，这为具有公共物品属性的区域旅游品牌分析提供了一种合理性解释。根据本书的研究目标，西北五省区旅游品牌共享的目的是提升整个西北五省区旅游品牌形象，实现西北五省区旅游经济的协调发展。因此，西北五省区旅游品牌的共享过程属于一种经济行为，完全可以使用共享经济理论进行分析。诚然，区域旅游品牌共享就是区域内所有共享主体对品牌共同拥有使用权，共享是区域旅游合作的必然结果，合作是品牌共享的基础。基于协调发展理论，从整体利益视角下区域旅游合作的视角出发，参考赵树良（2016）等学者的研究，本书将区域旅游品牌的共享模式分为四种：传统产权经济的品牌共享模式、免费经济的免费品牌共享模式、共享经济视角下的强品牌共享模式和共享经济视角下的弱品牌共享模式。

7.2.1 传统产权经济的品牌共享模式

传统产权经济的品牌共享模式理念是遵循传统经济的发展思维提出的，这种品牌共享模式一般行政色彩浓厚。根据传统产权经济理念，在区域旅游合作中，合作主体参与合作的主要目的是追求自身利益最大化。在这种模式下，区域旅游合作有名无实，区域旅游发展一般呈现"诸侯经济"格局，没有发挥整合优势，合作主体之间甚少交流和沟通，更谈不上整体视角下区域旅游的整体规划和实施，旅游资源产权基本上还是按地理行政区划分。现阶段，我国地方政府对旅游资源具有强势的发展主导权，如果没有完善的区域旅游合作机制，在区域旅游发展中很可能着眼于自身利益，以自我为中心进行资源开发、设施建设、线路设计，设置地方保护主义行为，人为割裂区域旅游市场。另外，政府使用行政命令完全干预旅游市场运行，会导致合作的不平等性，最终挫伤旅游企业的积极主动性，无法发挥市场的激励作用。这种政府完全干预的工作方式还往往具有不稳定性，由于地方政府不同时期工作重点与战略重点会有所侧重，这导致政府在不同时期对区域合作框架的支持力度不同，无法保障区域旅游合作的持续性，这些不稳定因素都会导致区域旅游品牌共享受挫。

一般来讲，传统产权经济的品牌共享模式很难做到区域旅游品牌的有效共享，很难提升整个区域旅游品牌的竞争力。事实上，传统产权经济的品牌共享模式不是严格意义上的共享，更多是基于共享经济模式提出的对应概念。在实际区域旅游品牌建设中，很少存在这种品牌发展模式，本身区域旅游品牌的打造就需要区域主体的共同努力，这种割裂的发展模式与区域合作理念背道而驰，一般适用于具有地理位置特殊、旅游资源个性明显、宏观制度环境限制等特点的单个旅游目的地的品牌塑造和提升。

7.2.2　免费经济的免费品牌共享模式

免费经济顾名思义就是无偿付出或较少付出就能得到回报的经济发展模式。免费经济的原理是将提供商品和获得收益的过程进行分解。一般来讲，采用免费经济发展模式的目标是通过前期的投入，获得后续长远的收益。在企业营销过程中，很多企业选择赞助体育赛事、从事公益活动等，其目的是通过前期免费无偿的投入，引起市场上潜在顾客的关注，为企业长远的发展做铺垫。具体到区域旅游合作中，免费经济的区域旅游发展模式一般适用于区域旅游合作的早期阶段。在这种品牌共享模式下，区域合作主体的积极性没有充分调动起来，仅有政府部门或实力较强旅游地进行旅游资源的开发和保护。区域内强势旅游地为了长远发展考虑，往往会采取相应措施推进旅游产业的发展，提升区域旅游品牌价值，但是弱势旅游地则没有相应的能力和积极性，常常会采取"搭便车"行为，例如旅游形象套用、基础设施共用、客源市场占有等。

在免费经济的品牌共享模式下，资源的提供方短期内可能会出现局部利益损失，但从区域协同的角度及长远发展来看，也可能会获得长远收益，例如区域旅游品牌形象提升所带来的"光环效应"、政府的税收政策支持等。但是，由于区域合作主体的积极性没有完全发挥，这种品牌共享模式很容易导致区域旅游发展的后劲不足，出现品牌的弱化现象。这种免费经济的品牌发展模式，还会出现某些旅游目的地资源过度开发，而有些又处于闲置浪费的状态，最终导致"公墓悲剧"后果。一般来讲，免费经济的区域旅游发展模式也是基于行政视角推出的合作模式，但是政府制度的"保驾护航"并不是万能的，例如，千年古丝绸之路旅游品牌虽然有世界旅游组织丝绸之路项目、"一带一路"倡议、"长安——天山丝绸之路廊道路网"申遗成功等诸多有利的制度环境，但历经30多年推广的中国丝绸之路旅游品牌依然没有建立，品牌竞争力仍然微弱。因此，完善的利益分配补偿机制、信任机制、整合机制等治理机制的构建对于这种品牌共享模式非常有必要。简化的免费经济的免费品牌共享模式的运行机制如图7-2所示。

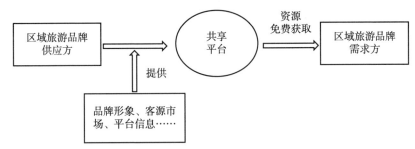

图 7 - 2 免费经济的免费品牌共享模式

7.2.3 共享经济视角下的强品牌共享模式

随着人们消费理念的升级, 共享经济发展模式开始兴起。共享经济是一种扁平化、去中心化的经济发展模式, 与传统集权的中心化品牌共享模式相比, 强品牌共享模式的权利分散, 共享主体分布于一个网状结构中, 每个主体的决策和行为都可能会引起整个结果系统的重组和变更, 有时候甚至是无纪律的网络组织结构。结构见图 7 - 3 (右)。但是有一点, 这种经济发展模式很容易受到外部环境的影响和制约。如果外部环境的变化引起网络中任何一个节点出现故障, 很容易就会导致连锁效应, 整个网络都会受到破坏和影响, 此时这种强共享经济发展模式开始震动和变化, 开始转向弱经济共享模式。

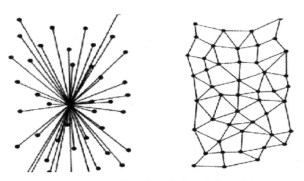

图 7 - 3 中心化 (左) 和去中心化 (右)

在强共享经济发展模式下，商品的拥有权和使用权达到最高程度的分离，共享特征最明显。现实中这种形式的经济发展模式较少，因为这种经济发展模式对共享主体的信任要求极高，每个共享主体都是网络组织结构中的关键点，任何主体的失信行为都可能造成整个系统结构的全面崩溃。现阶段，我国的征信系统还没有完全建立，信用数据碎片化现象明显，整个社会的运行成本较高。因此，这种强共享经济发展模式与现阶段的经济和社会发展水平不太吻合。一般而言，强共享经济发展模式适用于地理位置毗邻，旅游经济发展水平均衡，内生市场动力强劲，客源市场丰富的区域。在我国区域旅游合作中，粤港澳区域旅游合作属于这一发展模式。改革开放初期，由于国家政策的倾斜，广东省成为中国对外开放的窗口，经济特区深圳与香港、澳门之间开展了"三来一补"等多种合作方式，相关的城市发展迅速，香港、澳门、深圳、珠海，经济都非常发达，粤港澳三地的商贸往来频繁，逐渐带动了客流的互动。这些城市之间交通发达，城市内各种公共服务设施便利，非常有利于接待游客。伴随着小珠三角的合作发展，大珠三角、泛珠三角的旅游合作也逐渐走入正轨。目前，受历史、政治等多重因素的影响，西北五省区的经济发展水平不均衡，各省区的旅游资源在数量和质量上有很大差异。因此，西北五省区旅游品牌共享模式并不适合这种强品牌共享模式。简化的共享经济视角下强品牌共享模式运行机制如图7-4所示。

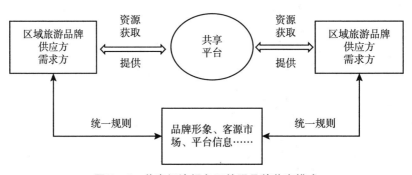

图7-4　共享经济视角下的强品牌共享模式

7.2.4　共享经济视角下的弱品牌共享模式

和强共享经济模式相似，弱共享经济模式也是去中心化和扁平化的经济发展模式，但不同的是，这种经济发展模式有相应的弹性空间，信用机制要求没有那么苛刻。事实上，弱共享经济发展模式属于共享经济模式发展的初级阶段。在这种共享经济发展模式下，共享主体可以根据实际情况适时调整自己的发展战略，以更好地契合市场需求。在区域旅游合作中，合作主体相互依赖，通过相互协作的形式开发客源市场，以赢得更多的输入性客流，促进本区域旅游经济得到更好发展。现阶段大多数区域旅游合作中，合作主体之间的经济发展水平一般是存在差距的，虽然具备区域旅游合作的内外驱动力，但是由于旅游经济发展的不均衡，合作主体在区域旅游合作中的地位不同，不适合完全共享模式下的强品牌共享模式。因此，弱品牌共享模式更适合现阶段区域旅游品牌共享模式的选择。

西北五省区地处中国西北部，经济发展相对落后，经济基础薄弱，区域内旅游需求匮乏，区域旅游合作的共同目标是赢得更多的外部客流，获得更多的经济利益。西北五省区旅游资源在地脉和文脉上具有一定的相似性和传承性，客观上具有旅游合作的基础。但是，西北五省区旅游经济发展并不均衡，陕西和新疆遥遥领先。此外，当前西北五省区之间还没有建立完善的网络治理机制，信用机制、利益整合机制、维护机制不健全，因此不适合完全共享模式下的强品牌共享模式，弱品牌共享模式更适合当前发展现状。西北五省区可以在整合区域旅游资源的基础上，采用"主副"品牌模式、"丝绸之路+"的品牌共享模式等，在塑造整个西北五省区旅游品牌形象的基础上，更好地发挥地区优势，提升整体区域旅游实力。如前文所述，这种弱品牌共享模式下，同样需要相对完善的共享机制作为支撑，这能够有效提升品牌共享效果。简化的共享经济视角下弱品牌共享模式的运行机制如图7-5所示。

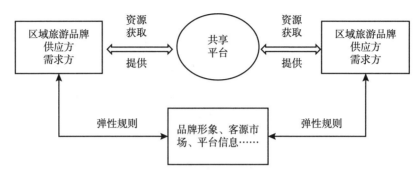

图 7 - 5　共享经济视角下的弱品牌共享模式

7.3　西北五省区旅游品牌共享机制构建

7.3.1　共享机制构建的理念

美国学者库恩（Kuhn）在其专著《科学革命的结构》一书中指明，时代的变革会带来社会规则的变革，认知和思维的改变才能起到促使主体行为革命性改变的结果，甚至在某些时候可以改变整个问题的格局。现阶段，置于国家实施和推进"一带一路"倡议的有利制度环境，西北五省区作为国内丝绸之路的核心路段，旅游发展面临新的契机，西北五省区联合打造区域旅游品牌已经成为现阶段旅游发展的当务之急，这就需要西北五省区遵循共同的合作理念，构建完善的西北五省区旅游品牌共享机制。总体来讲，有以下四个共享理念：

1. 超越竞争思维，采用合作思维

只要有市场就会存在竞争，竞争是经济发展的常态。现阶段，单纯的竞争会阻碍企业的长远良性发展，只有在整合资源的基础上发挥企业的比较优势，才能保持企业的持续发展。在旅游经济发展中，随着旅游资源的同质化和游客需求的个性化，区域旅游合作已经成为一种趋势。目前，西北五省区旅游品牌竞争力低下，整个区域旅游发展水平较低，资源开发不足，这就需要西北五省区基于合作共享的思维，整合区域旅游资源，发挥合力优势，从整体上打造强势的西北五省区旅游品牌形象。

2. 超越个体思维，采用生态思维

个体思维理念认为，个体独立于环境而存在，个体的成功是独立的，但生态思维认为，每个个体都共生在一个复杂的系统中，都和周围的其他个体有着千丝万缕的联系，牵一发而动全身。西北丝绸之路旅游区经过历史的积淀，已经形成了"一损俱损、一荣俱荣"的共生系统。因此，在西北五省区旅游品牌共建共享中，西北五省区应秉承生态思维，从区域整体发展的视角来发展区域旅游经济，同时还需要关注旅游资源的合理永续利用，保证区域旅游经济的可持续发展。

3. 超越单次静态博弈思维，采用动态多次博弈思维

在静态的单次博弈中，成员总是倾向于采取有利于自己而损害集体的行为。然而，在区域旅游经济活动中，组织与组织之间的合作不是一次性合作，而是动态的多次合作。游客、旅游行业企业、政府组织等其他利益相关主体的交流与合作都是频繁和长期的。因此，需要摒弃传统的单纯静态博弈思维，在合作中采用多次动态博弈的理念，在追求自身发展目标的基础上，满足合作各方的共赢，创造更多的共同价值，这也是西北五省区在塑造和提升西北五省区旅游品牌过程中需要秉承的重要理念。

4. 超越现有市场思维，采用创造新市场的思维

旅游作为人们追求美好生活的一种体现，有无限的延展性，成员主体应该超越现有的市场，把眼光放到创造新市场上，通过满足更多人的需求，开拓新的客源。目前，西北五省区由于在旅游资源上具有相似性，客源市场有很大重叠，这不可避免地会造成对共同客源市场的争夺。因此，西北五省区应该超越现有市场的思维理念，合力开拓新的客源市场，把"蛋糕"做大，注重建设对客源地游客具有"拉力"效应的品牌要素建设，才能保障区域旅游经济持续提升，进而塑造强势的西北五省区旅游品牌形象。

7.3.2　共享机制构建的驱动力和目标

1. 共享机制构建驱动力

驱动力是实施机制构建的背后驱动力量，也是保障机制持续运行的动力。总体而言，西北五省区旅游品牌的共享机制构建的驱动力分为内部驱动和外部驱动两个方面。

（1）内部驱动。西北五省区旅游品牌共享机制构建的内部驱动力有两点：首先是共同利益的驱动。如前文分析，西北丝绸之路旅游品牌属于准公共物品，区域内各主体在利益最大化的驱动下存在非合作的博弈行为倾向，但由于他们之间既是竞争对手，也是"一荣俱荣、一损俱损"的品牌共生体。因此，在尊重相关利益主体权益的基础上通过合理、有效的合作共享来整合发展，才是实现各权益主体互利共赢的良性途径。其次是成本驱动。西北五省区旅游品牌是典型的区域旅游品牌，西北五省区在协同的营销战略下进行统一的品牌规划和建设，利用合力培育共同的客源市场及开拓新市场，能够有效降低区域各自为政的额外营销和推广费用，也是西北五省区旅游品牌共建共享的主要内部驱动力。

（2）外部驱动。西北五省区旅游品牌共享机制构建的外部驱动力有三点：第一，市场驱动。在当前消费升级背景下，游客需求多样化和个性化越来越明显。游客倾向于将旅游内化为生活方式的一部分和获取差异化生活体验的重要渠道，更倾向于多元化的体验，例如医疗与旅游相结合的医疗旅游体验、中医养生与旅游线结合的康养旅游体验、研学与旅游相结合的研学旅游体验等，这样单靠某个景区或旅游目的地很难满足市场需求。因此，合作共享是西北五省区旅游发展的客观选择。第二，地方政府治理动力。地方政府发展旅游业的一个途径是通过申报项目获得上级部门的支持，而整合资源、联合申报更能展示旅游资源的完整性和丰富性，更容易争取到地方或者国家的政策支持和资金支持，更能提高其品牌的影响力和美誉度。例如2008年"福建土楼"捆绑联合申遗的成功是跨界区域品牌共享型旅游地整合协作的典型例证。此外，通过合作共享还可以最大限度地释放旅游发展潜能。第三，制度环境驱动。有利的旅游制度发展环境承载了将区域由独立、分散的状态向高层次全方位和一体化状态协同演进的重要整合力量。早在20世纪80年代，国家旅游局就向全球推出了丝绸之路旅游线。进入21世纪，随着丝绸之路的申遗成功和"一带一路"倡议的实施，丝绸之路这一经典旅游品牌被赋予新内涵，产生新关注，这种有利的宏观制度环境也是推动西北丝绸之路品牌整合和发展的外部动力。

2. 共享机制构建的目标

明确构建目标，是构建西北五省区旅游品牌共享机制的关键。基于西北五省区丝绸之路沿线既具有相似性、传承性，又具有互补性的旅游资源特征及旅游经济的发展现状，本书构建西北五省区旅游品牌共享机制的目标有两个：首先通过构建西北五省区旅游品牌共享机制，实现丝绸之路这一经典旅游品牌的共建、共享，通过区域旅游共享品牌这一纽带促进西北五省区旅游经济的合作与协调发展。其次，在品牌共建共享过程中，提升整个西北五省区旅游品牌形象和竞争力，实现品牌与旅游产业的良性互动，对接和服务国家"一带一路"倡议。具体来讲，该目标可以从"需求"和"供给"两个角度说明。从"需求"视角来讲，构建西北五省区旅游品牌共享机制的主要目的是更好地满足游客的旅行预期；从"供给"角度来讲，着重进行区域内旅游资源的整合，通过制定和实施协同的营销战略，打造一个与千年古丝绸之路地脉和文脉相契合的丝绸之路旅游品牌形象，提升西北五省区旅游品牌的整体实力（见图7-6）。

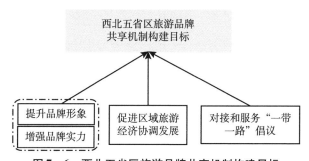

图 7-6　西北五省区旅游品牌共享机制构建目标

7.3.3　西北五省区旅游品牌共享机制构建

目前，西北五省区作为国内丝绸之路的核心地带，经过千百年的发展，沿线各地区拥有共同的"丝绸之路"品牌基因，已经形成了"一损俱损、一荣俱荣"的共生系统。为进一步发挥品牌的整体竞争优势，本书借助网络治理理论，构建了一个由政府主导、市场参与的西北五省区旅游品牌共享机制，充分调动各利益相关主体的积极性，以提升整个西北五省区旅游品牌形象和品牌竞争力，促进区域内旅游经济的协调发展。总体来讲，本书拟从共享驱动力、共享目标、共享主体、共享内容、共享方式及共享治理六个模块（如图7-7所示）来构建西北五省区旅游品牌共享机制。机制运行机理如下：在共享驱动力下，形成网络成员的共享目标，在共享目标的指引下，共享主体通过共享方式对共享内容进行品牌资源整合，整个共享过程通过共享网络治理机制达到网络的协调、平衡，实现网络成员利益的帕累托最优。

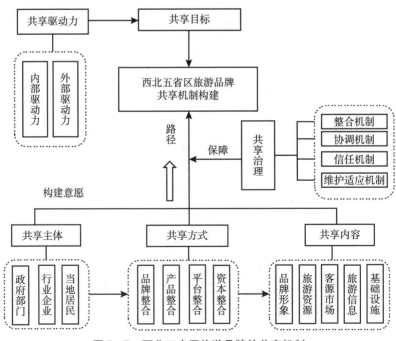

图7-7　西北五省区旅游品牌的共享机制

1. 共享主体及角色定位

构建西北五省区旅游品牌共享机制的一个关键点就是要确保各相关利益主体之间利益的动态均衡，实现西北五省区旅游资源的高效永续利用。西北丝绸之路旅游区行政关系复杂，品牌共享主体多样。总体来讲，共享主体可概括为地方政府、旅游行业企业和当地居民三大主体。他们之间既存在纵向的层级关系，又有横向的市场关系，既有共同的利益目标，又有各自利益诉求，从而形成错综复杂的网络组织体系。在这个体系中，不同的主体承担着不同的角色，它们之间通过竞争合作来实现区域旅游品牌的塑造和提升（见图7-8）。

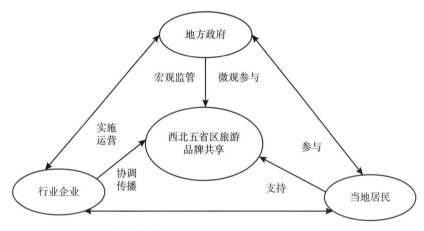

图7-8　共享主体之间的网络组织关系

（1）地方部门。

由于西北五省区旅游品牌的产权属性特征，仅靠私人主体进行品牌塑造难以实现品牌形象的整体提升，采取由政府主导，其他利益相关主体参与的品牌共享模式才符合经济学规律，这主要是由政府在区域旅游发展中的角色和发挥的作用决定的。政府部门的主体地位可以从宏观和微观两个层面来说明：

第一，宏观监管作用。在区域旅游合作中，地方政府首先能够发挥宏观监管作用。主要体现在：首先，制定区域整体旅游发展规划，形成品牌合作共享的顶层设计。目前，西北五省区由于缺乏完善的合作机制，很多合作都是有名无实，这也是导致现阶段西北五省区旅游品牌竞争力低下的一个重要原因。因此，制定西北丝绸之路旅游整体的旅游发展规划，达成高层次的合作意向，是现阶段西北区域旅游发展的一个关键节点。其次，政府部门需要建立共建、共享行动规则，在正式制度层面上保证公平性。由于西北五省区旅游品牌的产权属性特征，相关利益主体在旅游决策中的"搭便车"现象很容易出现，这就需要一套专门的利益共享机制、合作补偿机制等治理机制来保障。因此，详细制定网络成员间的合作规则和制度，也是政府部门在西北丝绸之路旅游发展中需要承担的重要职责。

第二，微观参与作用。地方政府除了发挥宏观监管作用，还会实际参与到西北五省区旅游品牌塑造和提升的具体环节。例如，政府部门会参与到丝绸之路旅游品牌的定位、品牌设计、品牌传播和品牌管理等各个品牌化营销环节。在品牌定位和设计中，提供具体方案，注重代表丝绸之路旅游品牌公共地格因子的提取，找出能够真正代表丝绸之路沿线旅游特质的品牌基因；在品牌传播中，整合营销传播手段，引导和鼓励旅游目的地采用新的技术进行目的地营销推广，还需要采用协同的营销战略，充分调动区域内各主体的积极性，确保西北五省区能够发挥合力优势；最后，政府部门还主要承担着品牌保护和管理的责任，由于西北五省区旅游品牌的产权属性，"公墓悲剧"现象很可能出现，这就需要政府部门在品牌的可持续发展方面付诸行动，在监督网络成员行为的基础上，在政府层面制定和实施相应的品牌保护计划，监测整个市场动态。实际上，根据孙盼盼（2021）等学者的研究，地方政府的行为几乎会渗透在旅游产业系统的各个层面，能够影响旅游产业的全要素，并能够直接影响旅游产业全要素增长率，图7-9显示了地方政府对旅游行业全要素的影响机制。

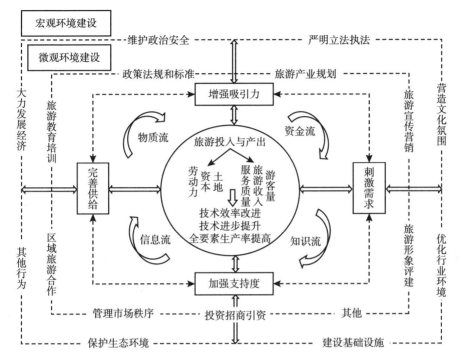

图7-9 地方政府对旅游产业全要素增长率的影响机制

资料来源：孙盼盼，李勇坚，李子璇.地方政府行为对旅游产业全要素生产率的影响机制［J］.华侨大学学报，2021（3）：45-58.

（2）旅游行业企业。

旅游行业企业主要包括两个部分，首先包括景区、旅行社、酒店等直接运营的旅游企业，这些企业向游客提供玩、购、娱、食、住、行等方面的旅游服务，在西北五省区旅游品牌共享过程中起关键作用。事实上，这类主体在西北五省区旅游品牌建设中处于供给地位，它们直接利用目的地旅游资源从事旅游活动，为西北五省区的旅游发展提供人力、物力、财力等方面的支持，参与目的地运营的各个环节，在目的地开发阶段的作用更明显，是保障目的地旅游活动开展的直接关键主体。这类旅游企业主体的具体工作可以概括为两点：①遵守合作约定，积极参与西北五省区旅游品牌共建共享，在统一规则下开展品牌形象推广及旅游产品营销，根据外部环境变化对旅游产品和服务进行更新换代；②善于利用契合西北五省区旅游品牌特色的品牌共享模式从事营销活动，如主副品牌模式，基于丝绸之路的主品牌，设计契合当地特色的副品牌，将丝绸之路品牌所蕴含的抽象内涵转化为具体的产品和服务。但是，由于旅游企业的属性特征，在旅游经营活动中会更关注当下的经济利益，很容易忽略旅游目的地的可持续发展。

除了直接从事旅游经营管理的旅游企业，这类主体还包括其他非直接运营的行业组织，如行业监管组织、高校科研机构、旅游志愿者团体、参与治理的其他专家和个人，等等，这类主体在西北五省区旅游品牌共享中主要起到支持、协调和传播的作用，是保障西北丝绸之路旅游共享机制顺利运行的服务部门，也是不可或缺的一个重要部分。在旅游实践中，第三方组织发挥的作用越来越明显。西北五省区旅游品牌所涉及的行政关系复杂，参与治理的主体多样，在旅游合作中重复不可避免，这除了需要政府部门发挥主导作用进行监督和管理外，第三方机构的协调和传播也是保障西北五省区旅游品牌共享机制正常运行的重要组成部分。因此，要善于利用和充分保障这类主体的优势。

（3）当地居民。

在西北丝绸之路品牌共建共享过程中，当地居民主要起到支持与参与的责任。旅游的发展能够给当地居民带来更多的就业机会，当地居民也会深刻地影响游客对旅游目的地的实际印象，因此要有意识地培育当地居民的主人翁意识，充分调动当地居民参与的积极性，为西北五省区旅游品牌建设做支撑。实际上，当地居民是目的地品牌文化的重要载体，也是目的地旅游资源的重要构成部分。旅游目的地所属当地居民的生活方式、民俗民风、语言风貌等都是旅游目的地重要的人文景观，也是吸引游客前往的重要因素，是原真性的重要体现。此外，目的地当地居民的态度和行为能够直接影响游客的旅游体验和感知水平。因此，当地居民支持与参与是确保西北五省区旅游品牌共建共享的基础，是重要的参与主体。

2. 共享内容

（1）品牌形象共享。

丝绸之路是一个具有整体性、综合性概念的跨省级区域旅游品牌。千百年来，伴随着商品贸易和人员的交流，沿线各地在文化上相互碰撞和交融，形成了质朴、厚重、包容的文脉特征，形成了共同的"丝绸之路"品牌基因，也已经具有了较高的知名度。西北五省区处于国内丝绸之路的核心路段，客观上具有利用丝绸之路知名度进行旅游宣传和推广的优势，西北五省区各政府部门、旅游行业企业以及居民在对外交往、旅游产品推广等营销过程中均可以冠以"丝绸之路"的名称进行形象宣传，从而与其他竞争者区分开来。目前，随着国家"一带一路"倡议的实施和推进，新一轮西部大开发随之进行，在这种有利的制度环境下，西北五省区在旅游经济发展中应借势而为，充分利用丝绸之路已有的知名度和美誉度为当地旅游经济发展助力。可以看出，品牌形象共享是实施西北五省区旅游品牌共享的一个关键内容。

（2）旅游资源共享。

旅游资源是旅游发展的根基，也是吸引游客前往的关键要素。丝绸之路旅游品牌共享，其核心就是共享区域内的旅游资源。西北地区的旅游资源具有相似性和传承性，西北五省区地处我国内陆，气候干旱、植被稀疏，相似的地理位置和气候条件导致该区域的自然旅游资源主要以草原、荒漠景观为共同特点，相同的丝路背景导致有相同的丝路文化，少数民族聚居地让此地区有风情各异的民俗文化。同时，西北五省区各省区的旅游资源又各具特色，互补性很强。例如，青海省海拔高，气候寒冷干燥，自然环境原始纯朴；宁夏有沙漠、有黄河、有奇山、也有绿洲；新疆更是地域辽阔，气候独具特色，是多民族聚集地；甘肃省自然风光美丽，以敦煌文化为首要亮点；陕西省的地下陵墓文化则为世界之最；宁夏回族自治区的民俗文化独具特色。可以看出，西北丝绸之路沿线旅游资源在客观上具备了合作的前提条件。因此，西北五省区应该达成省级层次的跨边界合作，在政府主导下，将区域内的旅游资源进行有效整合，在利用自身所具有的难以复制与不可模仿的关键地格因子的基础上，通过旅游资源共享，重塑各省的旅游定位，实现区域内旅游资源的整合和叠加，充分发挥资源合力，进而提升西北五省区旅游品牌的整体效益。

（3）客源市场共享。

客源市场是旅游经济发展的生命线。目前，西北丝绸之路沿线旅游经济发展不均衡，一些知名的旅游目的地已经形成了稳定的旅游客源市场，如陕西和新疆集中了大部分的客源，而其他省份的客源相对薄弱。实际上，由于西北五省区的旅游地格因子相似，势必会造成客源市场的重叠，形成对客源市场的争夺。目前，由于西北五省区缺少高层次的整体规划，缺乏能够整合沿线互补性旅游资源的长线旅游产品，很难将集中在西北丝绸之路两端的陕西和新疆的大量游客引向甘肃、宁夏和青海三个省区。因此，客源市场共享是西北丝绸之路旅游发展中的着力点。在西北五省区旅游品牌共享中，需要在整合区域旅游资源的基础上，设计旅游线路和圈层等方式来共享客源市场，避免对客源的恶性争夺。目前，旅游圈层设计是旅游合作中打通客源市场的重要手段。西北五省区的资源禀赋和区位条件满足构建旅游圈层的基础，通过建立合理高效的城市带、都市圈、旅游圈等各种形式的旅游圈层，使游客能够沿着圈层在区域内有序延伸和流动，进而带动整个西北旅游经济的协调发展。

（4）旅游信息共享。

信息是旅游发展的重要推动力量，信息化管理以其高效、智能、快捷等优点被广泛应用于旅游管理领域。旅游信息化是提高管理和服务效率的基础和条件。景区地理信息系统、数字化监控系统、智能指挥中心、电子门票系统、自动语音导游系统、LED 户外大屏、旅游咨询系统、背景音乐系统和数字化营销系统等信息技术的运用能够有效助力旅游产业的转型升级。西北五省区旅游品牌的共享，离不开信息的互通有无。品牌形象共享、旅游资源共享、客源市场共享客观上都要求旅游信息的共享。旅游信息共享不但可以降低单一网络成员收集旅游信息的交易成本，还有助于网络成员根据市场信息，依托网络内部旅游资源和产品分布情况及时调整自己的产品和服务，准确捕捉市场动态，从而实现资源均衡配置与市场信息传递通畅，提高资源配置效率。目前，西北五省区的旅游信息化水平整体不高，各地区的信息化发展有很大差距。微博作为新型信息传播平台，可以在一定程度上反映信息化发展水平，根据近 3 年西北五省区的旅游微博数量平均分布情况（见图 7 - 10），可以看出陕西信息化水平发展遥遥领先，其他地区相对落后。

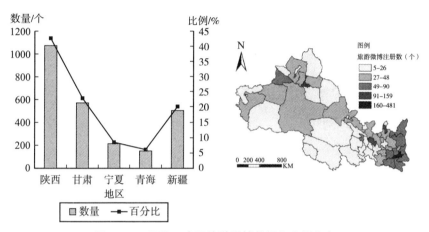

图 7 - 10　西北五省区旅游微博数量和空间分布

资料来源：何琛，普拉提·莫合塔尔，朱永凤，谢霞. 西北五省区旅游信息化空间分布格局及其影响因素——以新浪旅游微博为例 [J]. 内蒙古师范大学学报（自然科学汉文版），2019，48 (1)：8 - 14.

从西北五省区省内信息化空间布局来看，目前各省会城市的信息化水平最高，西安旅游圈的信息化具有一定的扩散效应，兰州是过渡区，而其他非省会城市信息化水平还处于初步发展阶段，整体发展水平低下。因此，信息化共享是西北五省区旅游品牌共享的一个重要模块，能够支撑西北五省区旅游品牌的转型升级。这就需要西北五省区建立数字化资源库，实现旅游信息的及时对接和共建共享，提高资源配置效率。

（5）基础设施共享。

在旅游发展中，基础设施是一种社会先行资本，溢出效应是其重要特征，是旅游产业转型升级的基础保障，也是品牌共享的重要内容。在现代社会，机场、高铁和高速公路等硬件设施由于需要大规模的资金投入，大型的基础设施根本无法由单一主体部门建设。因此，通过旅游品牌共享区域内共享基础设施，是市场经济体制下的客观要求。目前，西北五省区旅游基础设施还不完善，旅游服务中心等基础设施建设滞后，"景城乡一体"的连接配套服务设施缺乏，公路沿线观景台数量少、层次低，加油站、服务区旅游服务功能不完善，五星级酒店数量严重不足，百强旅行社只有陕西省一家，其余省区至今仍然是空白。西北五省区区域旅游经济的协调发展可以基于旅游基础设施的一体化，根据旅游圈层的设计，消除西北丝绸之路旅游合作开发的物理障碍，构建水陆空并举的立体交通网络。此外，还应该在住宿、通信、生态保护等基础设施上进行整体规划和建设，实现旅游圈层内部和圈层之间旅游基础设施的共享。

3. 共享方式

在西北五省区旅游品牌共享中，共享主体主要通过品牌整合、产品整合、平台整合和资本整合四种方式来实现西北五省区旅游品牌的共享。

（1）品牌整合。

首先，品牌形象整合。尽管丝绸之路旅游品牌已经具有很高的知名度，但由于沿线各地区缺乏高层合作机制，还没有形成完善的品牌设计，如缺乏统一的品牌标识、宣传口号等可视的品牌元素，还存在品牌宣传片面化、品牌定位不明确等情况。因此，需要西北五省区在协商合作的基础上，对整个西北五省区旅游品牌形成统一的市场定位，通过品牌设计，提炼出能够体现整个西北丝绸之路沿线旅游资源地脉和文脉特征的可视要素，以统一的品牌形象向市场传递旅游信息。其次，品牌模式整合。品牌模式主要解决品牌的结构问题。在一个资源有限的区域或某个景区，可采取单一的品牌模式，但由于西北丝绸之路旅游区行政关系复杂，自然和人文资源丰富，旅游企业经营松散且各地区旅游企业之间不存在隶属关系，可以考虑选择主副品牌模式，即在丝绸之路主品牌的顶层设计下，各子目的地充分挖掘自身旅游特质来构建自身的副品牌，在合而不同的理念下，实现品牌的有效共享。最后，品牌传播渠道整合。在品牌传播上，整合营销传播渠道和策略。当前传播媒体逐渐呈现大众化和多元化趋势，单一传播方式已经无法满足人们的信息需求，因此西北五省区旅游品牌的传播必须树立全媒介视野和大众传播观念，充分利用大数据、互联网和新媒体等多种传播手段进行营销推广。

（2）旅游产品整合。

旅游资源和客源市场的共享主要通过旅游产品整合的方式实现。旅游产品主要依托旅游资源而形成，旅游产品整合是以西北丝绸之路旅游区的旅游资源为基点，以旅游产品为主导，按照地理空间顺序或者文化主题等对原先分散化的旅游景点、景区进行重组和优化，以更好地满足游客的旅行预期和体验。西北丝绸之路沿线省区，旅游资源丰富，可以围绕着"自然、生态、人文"等线索，整合区域旅游资源，实现各地区的旅游产品补充和优化，增强游客参与性、体验性、互动性，形成长线的旅游产品，将西北丝绸之路的地脉和文脉贯穿在整个旅游产品设计中。通过旅游产品整合形成统一丝绸之路旅游品牌下的各主体单位的旅游协作和分工，避免客源的恶性争夺，使相关利益主体之间形成良性的合作竞争关系。

（3）平台整合。

通过信息平台整合，可以实现共享主体与游客之间、共享主体之间的信息互通、共享。首先，在与游客的信息沟通方面，目前沿线知名景点或景区都设有自己的信息平台，但游客只能获得单一景区或旅游目的地的旅游信息。可以利用互联网和人工智能技术，共同搭建丝绸之路旅游资源云服务平台，将沿线的不同旅游资源按照不同的分类方法进行整合，构建每种资源与周边资源的联动方式，并通过添加文化背景、源流渊源、动画演示等形式形成联动宣传点，提供更好的游玩参观路线，形成丝绸之路旅游互联网宣传大景观。其次，在共享主体之间的信息沟通方面，可以在共享区域内的旅游企业之间构建市场信息共享的大数据平台，该平台通过合作协议连接相关媒体网站，并利用互联网、大数据、人工智能等技术抓取社交用户旅游消费信息，从而形成游客信息的大数据库，帮助企业实现精准营销。

（4）资本整合。

西北丝绸之路区域内旅游资源隶属于不同的行政区范围，整个西北五省区在地理空间上处于经济中心的边缘地带，经济发展水平较低，基础设施配套落后，单靠当地的资金积累，往往难以提供旅游资源的充分开发和利用，旅游配套基础设施的建设更需要大量的资金支撑。因此，共享主体的政府、旅游企业等可以根据西北丝绸之路区域内的现状和特点，在对区域内的各种资源进行评估和权衡后，运用资本化整合的方式对旅游资源进行融合开发，为区域发展提供资金支持。另外，西北五省区可以通过"抱团"的方式争取上级政策资金的支持。地方政府发展旅游业的一个途径是通过申报项目获得上级部门的资金支持，这也是资本融合的一种体现。西北五省区通过"抱团"的形式，更能展示旅游资源的完整性和丰富性，也更容易争取到地方或者国家的政策支持和资金支持。例如 2008 年"福建土楼"捆绑联合申遗的成功是跨界区域旅游"抱团"整合协作的典型案例。

7.4 网络组织视角下西北五省区
旅游品牌共享治理机制

西北丝绸之路旅游区涉及的主体具有多样性，这些性质不同、不相隶属的利益主体，既有统一的共享目标，又有自己的利益诉求，他们之间既有传统的层级组织关系，也有基于市场契约的关系，这种混合关系实际上是介于科层与市场契约之间的网络组织关系。在西北五省区旅游品牌共享过程中，可以运用网络组织的治理机制来协调共享过程的各种矛盾，实现网络公共利益的帕累托最优。丝绸之路旅游品牌共享主体的网络治理机制包括整合机制、信任机制、协商机制和维护适应机制。整合机制是核心，通过整合机制实现有效共享，信任机制是共享的基石，共享主体之间的合作竞争关系是建立在信任基础之上，协调机制是共享的关键，共享主体之间的合作竞争过程实际就是利益协调的过程，维护适应机制是网络组织平稳、协调的保障。它们之间的关系如图 7－11 所示。

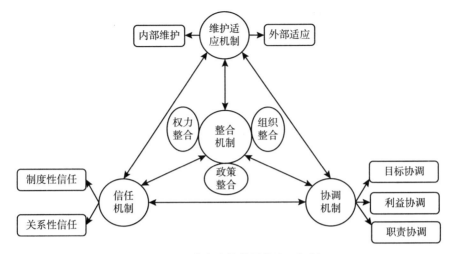

图 7-11　共享主体的网络治理机制

7.4.1　整合机制

整合机制是西北五省区旅游品牌共享过程中的核心机制，共享主体之间通过对政策、权力和组织的整合，将原本不协调的状态达到和谐平衡，进而保障和实现机制的运行效果。整合机制包括三个方面：一是政策整合，西北丝绸之路旅游区应该在省级层次上达成合作，整合旅游发展政策、制度，共同编制旅游总体发展规划，实现协同的品牌营销战略，从而打破行政分割障碍，实现高层互动。二是权力整合，西北丝绸之路旅游区应在政策整合的基础上，将分散在各个地区的旅游管理权力进行整合，再通过授权给某一公共组织来统一实施，形成网络组织视角下的公权力，政府不再是唯一的权力中心，将非核心业务和部门外包，削减规模和层级，发挥网络组织的系统优化功能。通过权力整合，有利于增强共享主体之间的信任度和监督力，更有利于实现西北五省区旅游品牌共享目标。三是组织整合，首先是在权力整合的基础上，根据品牌共享治理的需求，建立西北丝绸之路旅游区统一的行政管理组织，从而更好地发挥政府在共享治理过程的主导作用；其次是区域内旅游企业在丝绸之路统一品牌下根据旅游资源和产品整合的需要，打破景点、景区条块分割，进行战略重组。通过整合机制，能够确保西北五省区旅游品牌共享机制顺利运转，也是调动共享主体积极性的重要手段，如图 7 – 12 所示。

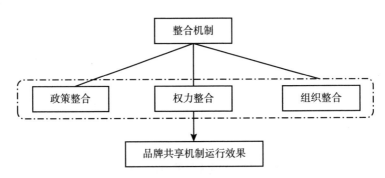

图 7 – 12　整合机制与西北五省区旅游品牌共享机制运行关系

7.4.2　信任机制

信任机制是共享主体合作的基石，信任机制作为"粘合剂"，能够有效降低西北五省区旅游品牌共享过程中的复杂程度，凝聚各成员的力量，充分发挥合力优势。事实上，在西北五省区旅游品牌塑造和提升过程中，信任机制不仅充当"润滑剂"，还是各利益相关主体开展合作的核心。在西北五省区区域旅游合作中，每个具体的交易环节都会涉及信任，信任能够防止旅游合作中的机会主义。由于西北五省区旅游品牌的公共物品属性，合作共享主体之间由于契约的不完备性，很容易产生道德风险，信任机制能够减少合作主体之间关系的不确定性，降低交易成本，确保西北五省区旅游品牌共享的可能。

信任机制由制度性信任与关系性信任构成，网络成员通过制度性信任来维护自身利益，通过关系性信任来培育共同精神体系。在当前环境下，共享成员之间的竞合关系主要依赖于制度性信任，在品牌共享的网络组织体系中，政府作为公权力的代表，应加强正式制度的供给，并强化自身的信任建设，营造一个诚信的制度环境，以保障各共享主体的共享行为在一定的规范和秩序中正常进行，这是加强制度性信任的重要手段。实际上，如前文分析，在西北五省区旅游合作中，地方政府发挥主导作用，在构建制度性信任过程中，地方政府要"以身作则"，提升公信力，这是构建制度信任机制的关键所在。另外，信任机制还包括关系性信任，这种信任主要是从共享主体的心理契约视角分析的，主要是共享主体基于已有的社会关系和行为习惯所形成的共同价值观、集体身份认同及组织惯例。因此，为确保西北五省区旅游品牌共享机制运行的稳定性，应通过丝绸之路千年积淀的文化内涵来培育共享成员的"公共精神"，进而发挥这种关系性信任的"粘合剂"作用。信任机制也是确保西北五省区旅游品牌运行效果的保障，如图7－13所示。

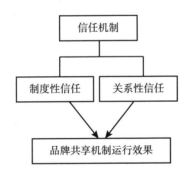

图7－13　信任机制与西北五省区旅游品牌共享机制运行效果关系

7.4.3　协调机制

协调机制是实现西北五省区旅游品牌有效共享的关键，共享主体主要通过构建协商平台、完善联席会议等方式来共同参与网络事务的管理，从而实现网络组织目标，达成网络平稳。具体而言，主要包括共享目标的协调、利益分配协调和职责关系的协调。

　　首先，是品牌共享目标的协调。由于西北五省区所涉及的行政关系复杂，虽然区域内旅游资源具有一定的相似性和互补性，具有区域旅游合作的基础，但是西北五省区的旅游资源禀赋还是存在一定的差异，这难免会造成目标的不一致。因此，在打造统一的西北五省区旅游品牌形象过程中既要顾及各主体的利益，又要满足公众的社会利益，同时还要考虑可持续性发展的要求，需要在各参与主体之间形成一致的努力目标，这是确保西北五省区旅游品牌共享机制运行效果的第一步，也是关键的一步；此外，西北五省区旅游目的地在采取主副品牌模式时，即"丝绸之路＋"的形式进行目的地品牌化时，还需要进一步协调主副品牌之间的关系。

　　其次，是利益分配协调。在旅游实践中，缺乏完善的利益分配机制导致很多区域旅游合作有名无实。西北五省区丝绸之路旅游品牌共享涉及多个行政区域，由于外部性的存在，受到各自利益的驱动，不同利益主体的共享行为很容易偏离共享目标，从而导致严重的负外部性效应，产生品牌"去公共化"的后果，最终酿成"公地悲剧"。因此，如何解决由于外部性带来的利益冲突、如何鼓励成员积极主动地参与合作、如何保证每个参与主体获取相对均衡利益等问题是西北五省区丝绸之路旅游品牌共享过程中需要关注的重点。这就需要构建一个完善的利益分配机制，例如做到事前预防的利益联动机制、事中监督的信息沟通机制以及事后奖惩的激励约束机制等规范各主体行为的内部治理机制，在共享目标指导下，协调各主体的共享行为，从而使共享行为与共享目标相一致。

　　最后，是职责关系的协调。职责关系主要是共享主体在机制运行过程中的协同合作关系，这主要依赖于区域旅游合作的工作规范来体现，例如职责的明确性、职责分配的合理性等。西北五省区旅游品牌的塑造和提升依赖于共享主体的全部努力，只有调动共享主体的积极主动性，做到权责统一，才能从根本上实现西北五省区旅游品牌机制构建的目标。因此，协调机制是实现西北五省区旅游品牌有效共享的关键，如图 7 - 14 所示。

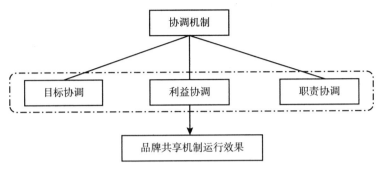

图 7 - 14　协调机制与西北五省区旅游品牌共享机制运行效果关系

7.4.4　维护适应机制

维护适应机制是西北丝绸之路品牌共享的保障。面对旅游市场环境的不确定性，在西北五省区旅游品牌共享过程中需要从内部维护和外部适应两个方面来构建维护适应机制。在内部维护方面，一是构建监督机制，网络内部的权力部门承担着监督者的角色，通过有效监管，纠正违反契约的行为，确保共享主体的行动符合品牌建设目标；二是制裁机制，通过网络组织内部通报制度等形式，号召网络内成员联合制裁机会主义行为，强化共建主体共同的行为规范；三是进入壁垒机制，由网络的权力机构通过申请西北五省区旅游品牌的集体商标等形式，保护共有知识产权，防止品牌出现"公地悲剧"现象。

在外部适应方面，一是建立信息共享机制，通过信息共享，有助于网络参与主体及时调整旅游项目与产品，使之与西北五省区旅游品牌相契合；二是学习机制，政府部门通过提供技术与信息服务、教育与培训服务等形式，促进西北丝绸之路旅游区内部的知识共享，提高旅游企业提升对复杂环境的适应能力和旅游产品或服务的创新能力；三是风险预警机制，通过构建统一组织或平台，适时监控游客舆情动态，及时处理游客投诉和品牌负面危机信息，充分做好突发事件的应急预案。维护适应机制是西北丝绸之路品牌共享的重要保障，运行机制如图 7 - 15 所示。

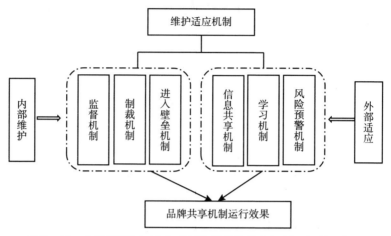

图 7 - 15　信任机制与西北五省区旅游品牌共享机制运行效果关系

第 8 章

西北五省区旅游
品牌评价模型构建

本章是本书的最后一个环节，主要目的是构建西北五省区旅游品牌的评价模型，即在"品牌共建"和"品牌共享"的基础上，通过后续的品牌综合评价深入反映品牌共享机制的效果。实际上，由于本书主要目的是通过构建品牌共享机制提升西北五省区旅游品牌的整体实力，因此，研究的落脚点应在对西北五省区旅游品牌综合实力的评价上。诚然，品牌共享机制的运行效果具有滞后性，这就要求相关部门定期或不定期地对品牌进行评价，将评价常态化，才能及时了解品牌的发展阶段和水平，为塑造强势的西北五省区旅游品牌形象奠定基础。

8.1 西北五省区旅游品牌评价指标体系构建

8.1.1 指标体系构建的原则和思路

西北五省区旅游品牌属于区域旅游品牌的研究范畴，品牌评价指标体系相对复杂，指标体系要体现"又专又红"的品牌特色，既要包括品牌的核心要素，如旅游资源与产品等，又要包括品牌发展的支撑因素，如旅游基础设施等。在构建西北五省区旅游品牌评价指标体系时，需要遵循相应的指标构建原则。

1. 主导性原则

首选需要遵循主导性原则。西北五省区旅游品牌元素众多，因此会涉及很多品牌评价因子，为了确保品牌评价的实用性和可操作性，在指标选取时优先筛选代表性强、关联程度高的核心指标，忽略掉一些次要因子，遵循主导性原则。

2. 系统性原则

西北五省区旅游品牌评价指标应该具有系统性。西北五省区旅游品牌涉及多个行政地区，地理跨度大，品牌建设需要区域内各旅游目的地的共同努力。因此，在品牌评价指标体系构成中应该注意各指标之间的系统性和逻辑性，既要能够反映品牌的基本属性，也要体现各目的地在品牌建设过程中所做的工作。

3. 科学性原则

西北五省区旅游品牌评价指标的设计步骤和选取标准必须遵循科学性原则。指标选取需要有理论支撑，同时还要注意选取全面，代表性强，能够真实反映西北五省区旅游品牌的客观情况。这也是构建西北五省区旅游品牌评价指标时所需要遵循的另一个基本原则。

4. 独特性原则

构建西北五省区旅游品牌评价指标时不追求普适性，指标的构建需要针对西北丝绸之路的旅游品牌现状。西北丝绸之路旅游区属于少数民族聚集区，具有丰富的旅游资源和特定的人文特质。因此，品牌评价指标需要能够真正体现该区域的旅游地格，能够真正反映西北地区的地方精神和人文特质。

5. 可操作性原则

评价指标需要具备可操作性是非常重要的。首先，西北五省区旅游品牌评价指标的选取尽量简单易懂；其次，还需要注重指标数据的可得性，注意评价步骤和计算方法的简单性，这是后续开展西北五省区旅游品牌评价的基础。

　　在遵循上述指标体系构建原则的基础上，西北五省区旅游品牌评价指标体系的构建思路如图 8－1 所示。总体来讲，主要基于文献研究和专家遴选两种方式对指标进行汇总、修正和优化，在此基础上，通过层级分析方法确定指标权重和排序。最后，依据《中国最佳旅游城市评定细则》中对旅游城市的评定结果分类，划分西北五省区旅游品牌的发展阶段。

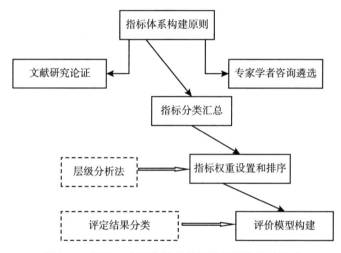

图 8－1　西北五省区旅游品牌评价模型的构建思路

8.1.2　西北五省区旅游品牌评价指标来源

　　总体来讲，在西北五省区旅游品牌评价指标体系构建过程中，指标的初步提取和遴选主要基于以下三个方面：

　　1. 文献研究和论证

　　文献研究和论证是西北五省区旅游品牌评价指标的主要来源。西北五省区旅游品牌属于区域旅游品牌的研究范畴，本章在西北五省区旅游品牌评价指标提取时，重点检索了区域旅游品牌的相关文献，并对区域旅游品牌的评价因子进行了重点关注，这是西北五省区旅游品牌评价指标的主要来源。此外，在指标体系构建时，还重点关注了目的地品牌资产、目的地品牌价值、目的地品牌化等方面的重点文献，这些文献同样是西北五省区旅游品牌评价指标的基础来源。随后，对上述收集到的指标进行汇总和归纳，在此基础上对指标进行频数统计，最终选取具有代表性的重要指标。

2. 结合西北五省区旅游品牌现状提取

与一般区域旅游不同，西北丝绸之路旅游区旅游资源独特，人脉和文脉资源一脉相承。因此，在构建西北五省区旅游品牌评价指标体系时，需要对西北五省区旅游品牌的现状、旅游资源情况、旅游基础设施配套情况等方面进行综合考量。最终确定的评价指标体系既要满足客观性和科学性，也要能够在一定程度上反映西北丝绸之路旅游特色，选取能够代表整个西北丝绸之路旅游地方精神和核心价值的品牌评价指标。

3. 注重"供—需"双视角下评价指标的提取

首先，注重游客视角下评价指标的提取。随着旅游资源同质化现象越来越明显，越来越多的目的地开始注重品牌化建设，高知名度和美誉度的旅游目的地品牌能够使其在竞争中脱颖而出，获得生产和发展的机会。游客视角下的目的地品牌感知评价是目的地品牌评价的一个重要角度，因此这方面文献的提取和检索是西北五省区旅游品牌评价指标的重要来源之一。其次，关注品牌产业绩效方面指标的筛选。品牌建设不但要关注需求方，还不能忽视供给方的利益。目的地品牌所能带来的经济效应是判定目的地品牌竞争力的一个重要维度。因此，在构建西北五省区旅游品牌评价指标体系时，品牌的产业绩效因子，如旅游总收入、旅游接待人次等指标也应该成为品牌评价的重要维度。

8.1.3 西北五省区旅游品牌评价指标体系构建

基于文献研究分析，结合西北丝绸之路旅游特色和"供—需"双视角下品牌维度的提取可以看出，西北五省区旅游品牌评价的指标体系需要综合体现旅游资源、旅游基础设施、旅游形象感知、品牌产业绩效等多个维度。

为此，本书从以下四个层次构建指标体系。西北五省区旅游品牌评价的具体指标体系详见表 8 - 1。

表 8 - 1　　　　　　　西北五省区旅游品牌评价指标体系

目标层	准则层	要素层	指标层	
西北五省区旅游品牌评价指标体系 U	游客感知视角 A	形象感知 A1	A11	主题口号
			A12	宣传标识
			A13	品牌知名度
			A14	品牌美誉度
			A15	目的地印象
		心理感知 A2	A21	居民友好程度
			A22	地域文化特色
			A23	公众安全感
			A24	品牌满意度
			A25	品牌忠诚度
	品牌构建视角 B	旅游资源 B1	B11	旅游资源特色
			B12	旅游资源观赏性
			B13	旅游资源保护程度
			B14	旅游产品独特性
			B15	旅游产品性价比
		旅游设施 B2	B21	旅游餐饮环境
			B22	旅游住宿环境
			B23	旅游交通环境
			B24	旅游购物环境
			B25	文娱活动环境
			B26	景区引导标识
		旅游服务 B3	B31	反馈投诉机制
			B32	旅游咨询服务
			B33	导游服务质量
			B34	公共卫生环境

目标层	准则层	要素层	指标层
西北五省区旅游品牌评价指标体系 U	品牌构建视角 B	品牌维护 B4	B41　旅游行业协会建设水平
			B42　旅游危机处理机制
			B43　品牌法律保护
			B44　品牌发展规划
	经济效果视角 C	品牌产业绩效 C1	C11　旅游总收入增长率
			C12　旅游接待人次增长率
			C13　旅游收入占 GDP 比重
			C14　旅游就业乘数

具体如下：

（1）目标层：目标层为西北五省区旅游品牌评价指标体系 U。

（2）准则层：准则层是对目标层西北五省区旅游品牌评价体系进行的解释和阐述，即从游客感知视角 A、品牌构建视角 B 和经济效果视角 C 三个方面对西北五省区旅游品牌评价体系进行指标概括分解。

（3）要素层：要素层是对西北五省区旅游品牌评价体系准则层中的指标进行分类和细化。

（4）指标层：指标层是对上述要素层中的分类指标进一步细化，分解为可以操作的具体指标和影响因子。

8.2　西北五省区旅游品牌评价指标体系优化

为确保评价指标体系设计的科学性和合理性，在上述指标设定的基础上，通过将指标设计成问卷的形式，对指标体系进行优化。此轮指标体系优化主要是通过专家判定和反馈的形式进行，目的是借鉴学术界和实务界专家的专业知识和经验对所构建的西北五省区旅游品牌评价指标体系中具体指标的重要性程度进行判断和筛选。

8.2.1　数据收集和样本特征

本次针对行业专家发放的问卷共28份，其中，高校旅游研究人员15人（教授2人，旅游管理在读博士4人，在读硕士9人），旅游行业管理人员13人。由于疫情原因，仅有4份问卷采用现场采集的形式，其余问卷均是通过邮件的形式进行发放。本次问卷同样采用李克特式（Likert - Type Scale）5分量表的形式，具体问卷详见附录D。每个指标后面使用数字"1"至"5"表示重要程度，数值越大，分值越高，其中"1"表示"完全不重要"、"5"表示"非常重要"。专家样本的人口统计学因素分布见表8-2。

表8-2　　　　　　　　　　样本基本统计学状况（N=28）

基本资料		有效样本数	有效百分比	累计百分比
性别	男	20	71.4%	71.4%
	女	8	28.6%	100%
工作年限	5年以下	9	32.1%	32.1%
	5~10年	13	46.4%	78.5%
	10年以上	6	21.5%	100%
教育程度	大专以下	4	14.3%	14.3%
	大专/本科	7	25.0%	39.3%
	研究生及以上	17	60.7%	100%
岗位类型	高校	15	53.6%	53.6%
	行业企业	13	46.4%	100%

可以看出，在样本性别构成中，男女占比分别为71.4%和28.6%；在工作年限构成中，工作年限在5年以下的占32.1%，工作年限在5~10年区间的占46.4%，工作年限在10年以上的占21.5%，特别地，由于博士生

一直做该领域的持续性研究，将其硕士阶段和博士阶段的学习期间算成行业从业时间；在样本学历背景构成中，受教育程度在大专以下的占 14.3%，大学本科（含大专）的占 25.0%，研究生及以上的占 60.7%；在岗位类型构成中，来自高校的专家占比为 53.6%，来自行业企业的专家占比为 46.4%。总体来看，专家样本构成中，学历水平较高，行业从业年限也比较长，具有丰富的专业知识和管理经验，专家总体水平较高，能够满足研究的需要。

8.2.2 指标隶属度分析

在指标筛选过程中主要采用模糊综合评价的方法。指标隶属度是模糊综合评价函数中的一个重要概念。1965 年，美国加利福尼亚大学教授扎德（Zadeh）根据科技发展的需要，第一次运用精确的数学方法描绘了模糊的概念，联合合作团队专门撰写了《模糊集》论文，并指出若对某个研究主体的范围界定为 U，U 由多个元素组成，U 中的任一元素 λ，都有相应数值 $P(\lambda) \in [0, 1]$ 与之对应，则称 P 为 U 上的模糊集，$P(\lambda)$ 为 λ 对 P 的隶属度。隶属度 $P(\lambda)$ 的值越接近于 1，表示 λ 隶属于 P 的程度越高；$P(\lambda)$ 的值越接近于 0，表示 λ 隶属于 P 的程度越低。

同样，根据隶属度的原理，本书利用模糊综合评价理论来分析各个具体指标的隶属度。假设品牌评价指标体系中第 λ 评价指标 $U(\lambda)$ 上，专家（总人数为 M）选择总次数为 $T(\lambda)$，即有 $T(\lambda)$ 位专家认为 $U(\lambda)$ 是品牌评价的理想指标。那么，西北五省区旅游品牌评价指标的隶属度 $P(\lambda)$：

$$P(\lambda) = T(\lambda)/M \, (0 < P(\lambda) < 1) \qquad (8-1)$$

同样，根据最大隶属度原则，$P(\lambda) = T(\lambda)/M$ 的值约接近于 1，则意味着 $U(\lambda)$ 越重要，指标 λ 隶属于 $\{U\}$ 程度越高；反之，$P(\lambda) = T(\lambda)/M$ 的值约接近于 0，则意味着 $U(\lambda)$ 越不重要，指标 λ 隶属于 $\{U\}$ 程度越低，低到临界值水平（借鉴已有研究，本书将 0.2 作为隶属度的临界值），可以根据实际情况做剔除处理。依据 28 位专家的问卷数据，借助模糊综合评价分析软件 MCE – Fuzzy 进行指标隶属度分析，分析结果见表 8 – 3。

表 8 – 3　　　　　西北五省区旅游品牌评价指标隶属度分析结果

目标层	准则层	要素层	指标层		隶属度
西北五省区旅游品牌评价指标体系 *U*	游客感知视角 A	形象感知 A1	A11	主题口号	0.5001
			A12	宣传标识	0.4637
			A13	品牌知名度	0.4274
			A14	品牌美誉度	0.6331
			A15	目的地印象	0.1744
		心理感知 A2	A21	居民友好程度	0.4109
			A22	地域文化特色	0.4731
			A23	公众安全感	0.3220
			A24	品牌满意度	0.6801
			A25	品牌忠诚度	0.6704
	品牌构建视角 B	旅游资源 B1	B11	旅游资源特色	0.6522
			B12	旅游资源观赏性	0.4229
			B13	旅游资源保护程度	0.3117
			B14	旅游产品独特性	0.6301
			B15	旅游产品性价比	0.1904
		旅游设施 B2	B21	旅游餐饮环境	0.4112
			B22	旅游住宿环境	0.5971
			B23	旅游交通环境	0.6047
			B24	旅游购物环境	0.5391
			B25	文娱活动环境	0.2390
			B26	景区引导标识	0.1802
		旅游服务 B3	B31	反馈投诉机制	0.3017
			B32	旅游咨询服务	0.7003
			B33	导游服务质量	0.3121
			B34	公共卫生环境	0.1557

目标层	准则层	要素层	指标层		隶属度
西北五省区旅游品牌评价指标体系 U	品牌构建视角 B	品牌维护 B4	B41	旅游行业协会建设水平	0.2901
			B42	旅游危机处理机制	0.3002
			B43	品牌法律保护	0.5340
			B44	品牌发展规划	0.6921
	经济效果视角 C	品牌产业绩效 C1	C11	旅游总收入增长率	0.7401
			C12	旅游接待人次增长率	0.5302
			C13	旅游收入占 GDP 比重	0.5095
			C14	旅游就业乘数	0.3112

8.2.3 西北五省区旅游品牌评价指标体系确定

通过西北五省区旅游品牌评价指标的隶属度分析，发现"目的地印象"（0.1744）、"景区引导标识"（0.1802）、"旅游产品性价比"（0.1904）和"公共卫生环境"（0.1557）四项指标的隶属度均低于 0.2 的临界值水平。故将这四个指标从西北五省区旅游品牌评价指标体系中予以剔除，经过修正和筛选后的西北五省区旅游品牌评价指标体系见表 8 - 4。

表 8 - 4　　　　　　修正后西北五省区旅游品牌评价指标体系

目标层	准则层	要素层	指标层	
西北五省区旅游品牌评价指标体系 U	游客感知视角 A	形象感知 A1	A11	主题口号
			A12	宣传标识
			A13	品牌知名度
			A14	品牌美誉度
		心理感知 A2	A21	居民友好程度
			A22	地域文化特色
			A23	公众安全感
			A24	品牌满意度
			A25	品牌忠诚度

续表

目标层	准则层	要素层	指标层	
西北五省区旅游品牌评价指标体系 U	品牌构建视角 B	旅游资源 B1	B11	旅游资源特色
			B12	旅游资源观赏性
			B13	旅游资源保护程度
			B14	旅游产品独特性
		旅游设施 B2	B21	旅游餐饮环境
			B22	旅游住宿环境
			B23	旅游交通环境
			B24	旅游购物环境
			B25	文娱活动环境
		旅游服务 B3	B31	反馈投诉机制
			B32	旅游咨询服务
			B33	导游服务质量
		品牌维护 B4	B41	旅游行业协会建设水平
			B42	旅游危机处理机制
			B43	品牌法律保护
			B44	品牌发展规划
	经济效果视角 C	品牌产业绩效 C1	C11	旅游总收入增长率
			C12	旅游接待人次增长率
			C13	旅游收入占 GDP 比重
			C14	旅游就业乘数

8.3 西北五省区旅游品牌评价指标权重设定

本书采用层级分析法（AHP）来确定西北五省区旅游品牌评价指标的权重。该方法是由托马斯（Tomas）在 1971 年提出，是用于解决定性下的多目标决策的方法。在本书中，其具体应用如下。

8.3.1 层级分析法的步骤

第一步：构建递阶的层次结构模型，即指标分层，这是层级分析法比较关键的一个环节。分层数量可以根据实际研究需要确定。其中，目标层是整个决策的重心，中间要素层是对目标层的分解和细化，指标层或要素层是对中间要素层的进一步细化。

第二步：构建判断矩阵。根据第一步构建的层次结构模型，采用1～9级标度法构建判断矩阵。随后再进行层次单排序和一致性检验。1～9级标度法和判断矩阵的构成形式如表8－5和表8－6所示。

表8－5　　　　　　　　　　　　1～9级标度法

标度	含义
1	a_i 与 a_j 具有同等重要性
3	a_i 比 a_j 略微重要
5	a_i 比 a_j 重要性明显
7	a_i 比 a_j 重要性强烈
9	a_i 比 a_j 重要性非常强烈
2，4，6，8	1～3，3～5，5～7，7～9 的中间值
倒数	a_i 比 a_j 比较得 a_{ij}，a_i 比 a_j 比较得 $a_{ij} = \dfrac{1}{a_{ij}}$

表8－6　　　　　　　　　　　　判断矩阵的一般形式

F_i	A_1	A_2 ……	A_j	…… A_n
A_1	a_{11}	a_{12} ……	a_{1j}	…… a_{1n}
A_2 ……	a_{21} ……	a_{22}	a_{2j}	…… a_{2n}
A_i	a_{i1}	a_{i2} ……	a_{ij}	…… a_{in}

F_i	A_1	A_2 ……	A_j	…… A_n
……	……	……	……	……
A_n	a_{n1}	a_{n2} ……	a_{nj}	a_{nn}

为了简化分析过程，可以将表 8 - 6 的判断矩阵用 $A = (a_{ij})_{n*n}$ 表示，其中 a_{ij} 是元素 A_i 和 A_j 相对于 F_i 的重要性比例标度。

第三步：判断矩阵的一致性检验和层次单排序。层次单排序的计算需要对判断矩阵进行一致性检验，检验公式为：

$$CR = (CI/ACI) * 100 （CR 的取值需要小于 0.1，否则需要修正）$$

其中，CI 为度量判断矩阵偏离的一致性因子；$CI = \lambda_{max} - m/m - 1$，$\lambda_{max}$ 是最大估算，m 为要素的数量，ACI 是随着权重的平均指数值。

第四步：层次总排序和一致性检验。假设 A 层的总排序完成，其中各要素的权重分别是 a_1，a_2，a_3…，就设 B 层所有的要素关于 A_j 的单排序权重为 b_{ij}，b_{2j}，…，b_{nj}，B 层要素的总排序的权重为：$b_j = \sum b_{nj} * a_j （ij = 1，2，3，…，n）$ 然后进行一致性检验。而依据总排序的向量 W：$（W_1，W_2，…，W_n）$，可以求得各指标的综合权重，其公式为：

$$W_j = \sum W_{ij} \lambda_i / \sum \lambda_i (ij = 1, 2, 3, \cdots, n)$$

其中，W_j 为决策要素对测评决策要素的综合权重排序，n 为专家人数，λ_i 为第 i 位专家权重，W_{ij} 为第 i 位专家对 j 决策要素的权重。

8.3.2　指标权重确定

构建西北五省区旅游品牌评价指标的层次结构模型。根据上文构建的品牌评价指标体系，建立层级结构模型，详见图 8 - 2。

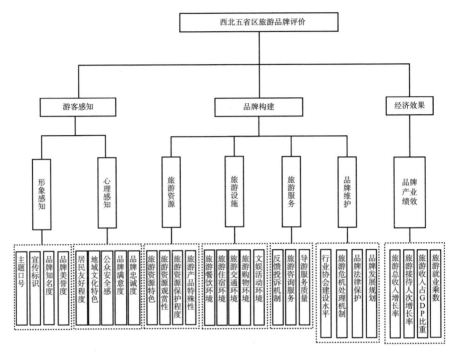

图 8 - 2　西北五省区旅游品牌评价指标的层次结构模型

　　对上述各项指标，本书采用德尔菲法进行重要性赋值，并构建判断矩阵。具体操作过程中，采用 MCE - AHP 层次分析软件，对二三级指标的判断矩阵进行权重测算和矩阵的一致性测算。特别地，此轮打分专家是在指标优化环节的 28 位专家中抽取的（具体专家打分问卷详见附录 E），其中包括高校的旅游管理教师（4 人），旅游在读博士和硕士研究生（5 人，其中在读博士 3 人，硕士 2 人），旅游行业管理人员（4 人）。各个指标的判断矩阵的 MCE - AHP 软件运行结果见以下系列表格数据。

　　首先，针对西北五省区旅游品牌评价体系的准则层进行测算，MCE - AHP 测算结果如表 8 - 7 所示。

　　MCE - AHP 测算结果显示，判断矩阵的一致性比率 $CR = 0.0462 < 0.1$，这说明判断矩阵的一致性满足要求，不影响分析的准确性。

表 8 - 7 西北五省区旅游品牌评价指标体系准则层测算结果

西北五省区旅游品牌评价	游客感知	品牌构建	经济效果	单层权重 W_i
游客感知	1	2	3	0.5278
品牌构建	1/2	1	3	0.3326
经济效果	1/3	1/3	1	0.1396

注：$l\max = 3.0536$；$CI = 0.0268$；$RI = 0.58$；$CR = 0.0462$。

随后，继续采用 MCE - AHP 软件对德尔菲法所得到的数值构建判断矩阵，即对西北丝绸之路旅游品牌评价指标体系准则层的下一级因子构建对比判断矩阵。

表 8 - 8 西北五省区旅游品牌评价指标体系因子层测算结果

游客感知	形象感知	心理感知	单层权重 W_i
形象感知	1	2	0.6667
心理感知	1/2	1	0.3333

注：$l\max = 2$；$CI = 0$；$RI = 1E - 6$；$CR = 0$。

MCE - AHP 测算结果显示，判断矩阵的一致性比率 $CR = 0 < 0.1$，这说明判断矩阵的一致性满足要求，不影响分析的准确性。

表 8 - 9 西北五省区旅游品牌评价指标体系因子层测算结果

品牌构建	旅游资源	旅游设施	旅游服务	品牌维护	单层权重 W_i
旅游资源	1	3	2	5	0.4878
旅游设施	1/3	1	2	3	0.2479
旅游服务	1/2	1/2	1	2	0.1753
品牌维护	1/5	1/3	1/2	1	0.0891

注：$l\max = 4.1065$；$CI = 0.0355$；$RI = 0.9$；$CR = 0.0395$。

　　MCE – AHP 测算结果显示，判断矩阵的一致性比率 $CR = 0.0395 < 0.1$，这说明判断矩阵的一致性满足要求，不影响分析的准确性。

表 8 – 10　　　　西北五省区旅游品牌评价指标体系因子层测算结果

形象感知	主题口号	宣传标识	品牌知名度	品牌美誉度	单层权重 W_i
主题口号	1	2	1	1/2	0.2274
宣传标识	1/2	1	1/2	1/3	0.1222
品牌知名度	1	2	1	1/2	0.2274
品牌美誉度	2	3	2	1	0.4231

　　注：$l\max = 4.0104$；$CI = 0.0035$；$RI = 0.9$；$CR = 0.0038$。

　　MCE – AHP 测算结果显示，$CR = 0.0038 < 0.1$，不影响分析的准确性。

表 8 – 11　　　　西北五省区旅游品牌评价指标体系因子层测算结果

心理感知	居民友好程度	地域文化特色	公众安全感	品牌满意度	品牌忠诚度	单层权重 W_i
居民友好程度	1	1	2	1/5	1/5	0.1021
地域文化特色	1	1	2	1/2	1/2	0.1473
公众安全感	1/2	1/2	1	1/3	1/3	0.0826
品牌满意度	5	2	3	1	1	0.3340
品牌忠诚度	5	2	3	1	1	0.3340

　　注：$l\max = 5.1923$；$CI = 0.0481$；$RI = 1.12$；$CR = 0.0429$。

　　MCE – AHP 测算结果显示，判断矩阵的一致性比率 $CR = 0.0429 < 0.1$，这说明判断矩阵的一致性满足要求，不影响分析的准确性。

表 8－12　　　　西北五省区旅游品牌评价指标体系因子层测算结果

旅游资源	旅游资源特色	旅游资源观赏性	旅游资源保护程度	旅游产品特色	单层权重 W_i
旅游资源特色	1	5	4	1	0.4380
旅游资源观赏性	1/5	1	3	1/2	0.1533
旅游资源保护程度	1/4	1/3	1	1/3	0.0846
旅游产品特色	1	2	3	1	0.3242

注：$l\max = 4.2006$；$CI = 0.0669$；$RI = 0.9$；$CR = 0.0743$。

MCE－AHP 测算结果显示，判断矩阵的一致性比率 $CR = 0.0743 < 0.1$，这说明判断矩阵的一致性满足要求，不影响分析的准确性。

表 8－13　　　　西北五省区旅游品牌评价指标体系因子层测算结果

旅游设施	旅游餐饮环境	旅游住宿环境	旅游交通环境	旅游购物环境	文娱活动环境	单层权重 W_i
旅游餐饮环境	1	1	1/5	2	3	0.1705
旅游住宿环境	1	1	1/3	2	2	0.1742
旅游交通环境	5	3	1	3	4	0.4646
旅游购物环境	1/2	1/2	1/3	1	2	0.1149
文娱活动环境	1/3	1/2	1/4	1/2	1	0.0758

注：$l\max = 5.2032$；$CI = 0.0508$；$RI = 1.12$；$CR = 0.0454$。

MCE－AHP 测算结果显示，判断矩阵的一致性比率 $CR = 0.0454 < 0.1$，这说明判断矩阵的一致性满足要求，不影响分析的准确性。

表 8－14　　　　西北五省区旅游品牌评价指标体系因子层测算结果

旅游服务	反馈投诉机构	旅游咨询服务	导游服务质量	单层权重 W_i
反馈投诉机构	1	1/3	1/4	0.1243

旅游服务	反馈投诉机构	旅游咨询服务	导游服务质量	单层权重 W_i
旅游咨询服务	3	1	2	0.5171
导游服务质量	4	1/2	1	0.3586

注：$l\max = 3.1078$；$CI = 0.0539$；$RI = 0.58$；$CR = 0.0930$。

MCE - AHP 测算结果显示，判断矩阵的一致性比率 $CR = 0.0930 < 0.1$，这说明判断矩阵的一致性满足要求，不影响分析的准确性。

表 8 - 15　　　　西北五省区旅游品牌评价指标体系因子层测算结果

品牌维护	行业协会建设水平	旅游危机处理机制	品牌法律保护	品牌发展规划	单层权重 W_i
行业协会建设水平	1	1	1/3	1/5	0.1030
旅游危机处理机制	1	1	1/2	1/4	0.1205
品牌法律保护	3	2	1	1/2	0.2668
品牌发展规划	5	4	2	1	0.5097

注：$l\max = 4.0155$；$CI = 0.0052$；$RI = 0.9$；$CR = 0.0057$。

MCE - AHP 测算结果显示，判断矩阵的一致性比率 $CR = 0.0057 < 0.1$，这说明判断矩阵的一致性满足要求，不影响分析的准确性。

表 8 - 16　　　　西北五省区旅游品牌评价指标体系因子层测算结果

经济效果	旅游总收入	旅游接待人次	旅游收入占GDP 比重	旅游就业乘数	单层权重 W_i
旅游总收入增长率	1	2	3	4	0.4604
旅游接待人次增长率	1/2	1	1/3	2	0.1580
旅游收入占 GDP 比重	1/3	3	1	4	0.2941
旅游就业乘数	1/4	1/2	1/4	1	0.0875

注：$l\max = 4.2325$；$CI = 0.0775$；$RI = 0.9$；$CR = 0.0861$。

MCE – AHP 测算结果显示，判断矩阵的一致性比率 $CR = 0.0861 < 0.1$，这说明判断矩阵的一致性满足要求，不影响分析的准确性。

综上所述，利用 MCE – AHP 层次分析数据分析软件，对西北五省区旅游品牌评价各层级指标体系的数据分析，得出各指标权重的单层次排序和总排序数据。详细结果见表 8 – 17。

表 8 – 17　　　　西北五省区旅游品牌评价指标体系权重

目标层	准则层	要素层	指标层		权重	总排序权重
西北五省区旅游品牌评价指标体系 U	游客感知视角 A（0.5278）	形象感知 A1（0.3519）	A11	主题口号	0.2274	0.0800
			A12	宣传标识	0.1222	0.0430
			A13	品牌知名度	0.2273	0.0800
			A14	品牌美誉度	0.4231	0.1489
		心理感知 A2（0.1759）	A21	居民友好程度	0.1021	0.0180
			A22	地域文化特色	0.1473	0.0259
			A23	公众安全感	0.0826	0.0145
			A24	品牌满意度	0.3340	0.0588
			A25	品牌忠诚度	0.3340	0.0588
	品牌构建视角 B（0.3326）	旅游资源 B1（0.1622）	B11	旅游资源特色	0.4380	0.0710
			B12	旅游资源观赏性	0.1533	0.0249
			B13	旅游资源保护程度	0.0845	0.0137
			B14	旅游产品独特性	0.3242	0.0526
		旅游设施 B2（0.0824）	B21	旅游餐饮环境	0.1705	0.0140
			B22	旅游住宿环境	0.1742	0.0144
			B23	旅游交通环境	0.4646	0.0383
			B24	旅游购物环境	0.1149	0.0094
			B25	文娱活动环境	0.0758	0.0062
		旅游服务 B3（0.0583）	B31	反馈投诉机制	0.1243	0.0072
			B32	旅游咨询服务	0.5171	0.0301
			B33	导游服务质量	0.3586	0.0209

目标层	准则层	要素层	指标层		权重	总排序权重
西北五省区旅游品牌评价指标体系 U	品牌构建视角 B (0.3326)	品牌维护 B4 (0.0297)	B41	旅游行业协会建设水平	0.1030	0.0031
			B42	旅游危机处理机制	0.1205	0.0036
			B43	品牌法律保护	0.2668	0.0079
			B44	品牌发展规划	0.5097	0.0151
	经济效果视角 C (0.1396)	品牌产业绩效 C1 (0.1396)	C11	旅游总收入增长率	0.4604	0.0643
			C12	旅游接待人次增长率	0.1580	0.0221
			C13	旅游收入占 GDP 比重	0.2941	0.0411
			C14	旅游就业乘数	0.0875	0.0122

8.3.3　指标量化

本章在西北五省区旅游品牌评价指标量化操作时，参照黄燕凤（2013）等已有学者的做法，借鉴《中国最佳旅游城市评定细则》以及行业相关标准对构建的指标体系进行界定和量化。具体来讲，将指标体系中各个指标因子的评价等级划分为"优""良""中""差""劣"五个等级，优等级的得分区间为 85～100 分，良等级的得分区间为 75～85 分，中等级的得分区间为 60～75 分，差等级的得分区间为 30～60 分，劣等级的得分区间为 0～30 分。具体如下：

（1）主题口号：该指标主要是用来衡量西北五省区旅游品牌与该区域的旅游资源特色是否契合，是否具有价值，是衡量区域旅游品牌吸引力的一个重要维度，主要是通过游客感知来衡量。按照上述评分等级，如果游客对该主题口号非常认同，则该指标值设置为优等级，如果游客非常不认同，则设置为劣等级。

（2）宣传标识：该指标主要是衡量西北丝绸之路旅游区的宣传标识是否具有独特性、简单性、记忆性等特点。如果游客对宣传标识非常认同，则该指标值设置为优等级，如果游客非常不认同，则设置为劣等级。

（3）品牌知名度：该指标主要是反映西北五省区旅游品牌的知名度大小，衡量游客对该品牌的了解程度。如果游客对该品牌知名度非常认同，则该指标值设置为优等级，如果游客非常不认同，则设置为劣等级。

（4）品牌美誉度：该指标主要是反映西北五省区旅游品牌被游客认同程度的大小，通过游客感知来衡量。如果游客感知非常认同，则该指标值设置为优等级，如果游客非常不认同，则设置为劣等级。

（5）居民友好程度：该指标主要反映西北丝绸之路旅游区当地居民的热情好客程度，主要基于游客的心理感知，是影响游客旅行体验好坏的一个重要因素。按照上述评分等级，如果游客认为当地居民非常热情，则该指标值设置为优等级，如果游客认为非常不热情，则设置为劣等级。

（6）地域文化特色：该指标主要反映西北丝绸之路旅游资源和产品特色，是区分其他旅游目的地的关键因素，主要基于游客的心理感知，该指标由游客决定。如果游客认为该地域文化非常有特色，则该指标设置为优等级，如果游客认为该地域文化非常没特色，则设置为劣等级。

（7）公众安全感：主要衡量西北丝绸之路旅游区的社会评价，反映该区域的治安水平好坏，主要从制度环境层面来考量。如果游客体验后认为该地区的治安水平非常好，则该指标设置为优等级，如果游客认为治安水平非常不好，则设置为劣等级。

（8）品牌满意度：该指标主要反映游客对西北五省区旅游品牌的满意程度，是游客基于已有的旅行知识和经验的判断，该指标由游客决定。如果游客对该品牌非常满意，该指标则设置为优等级，非常不满意的，则设置为劣等级。

（9）品牌忠诚度：该指标主要反映游客对西北五省区旅游品牌的忠诚度大小，即是否具有重游意愿或推荐意愿，也是游客基于已有的旅行知识和经验的判断，该指标由游客决定。如果游客非常愿意重游或推荐该品牌，该指标则设置为优等级，非常不愿意的，则设置为劣等级。

（10）旅游资源特色：该指标主要是反映西北丝绸之路旅游资源特质，反映该区域的核心竞争能力。该指标由专家确定，按照等级级别，设置为

"优""良""中""差""劣"五个等级。

（11）旅游资源观赏性：该指标主要是反映西北丝绸之路旅游区内旅游资源是否丰富多样，是否具备可欣赏性。该指标同样由专家确定，按照等级级别，设置为"优""良""中""差""劣"五个等级。

（12）旅游资源保护程度：该指标主要是反映西北丝绸之路旅游资源是否完整，是否受损。该指标同样由专家确定，按照等级级别，非常完整为优等级，非常不完整为劣等级。

（13）旅游产品独特性：该指标主要反映西北丝绸之路旅游区内旅游产品与其他目的地旅游产品的差异性。该指标由专家确定，按照等级级别，设置为"优""良""中""差""劣"五个等级。

（14）旅游餐饮环境：该指标主要反映西北丝绸之路旅游区内的就餐环境和条件好坏，如果游客体验后认为就餐环境和条件非常满意，则该指标设置为优等级，如果认为就餐环境和条件非常不满意，则设置为劣等级。

（15）旅游住宿环境：该指标主要反映西北丝绸之路旅游区内的住宿条件和住宿性价比，如果游客体验后对该旅游区的住宿条件和住宿性价比非常满意，则该指标设置为优等级，非常不满意的为劣等级。

（16）旅游交通环境：该指标主要是反映西北丝绸之路旅游区交通的便利程度，如果游客认为旅游区的交通非常便利，该指标则设置为优等级，如果其认为非常不便利，则设置为劣等级。

（17）旅游购物环境：该指标主要是反映西北丝绸之路旅游区内购物条件是否完善，购物场所的多少，商品定价的合理性等。如果游客对该旅游区的购物体验非常满意，则该指标设置为优等级，非常不满意的，则设置为劣等级。

（18）文娱活动情况：该指标主要是反映西北丝绸之路旅游区文娱节目的数量多少和质量水平高低，如果游客对该旅游区的文娱体验非常满意，则该指标设置为优等级，非常不满意，则设置为劣等级。

（19）反馈投诉机制：该指标主要是反映西北丝绸之路旅游区内所设置的相关部门能否及时处理游客投诉事件，能否及时解决游客投诉等，如果游客对该旅游区在投诉方面的处理非常满意，则该指标设置为优等级，非常不满意的，则设置为劣等级。

（20）旅游咨询服务：该指标主要是反映西北丝绸之路旅游区内相关部门在面对游客旅游咨询时所能提供信息的数量、质量和速度，由游客在实际咨询体验时的满意度决定。按照上述评分等级，非常满意为优等级，非常不满意为劣等级。

（21）导游服务质量：该指标主要是反映西北丝绸之路旅游区内导游质量的高低，主要从导游的专业知识、服务能力、服务态度等方面考量，由游客在实际旅游中的旅游体验决定。按照等级级别，设置为"优""良""中""差""劣"五个等级。

（22）旅游行业协会建设水平：该指标主要是反映西北丝绸之路旅游区内行业协会组织体系的完善程度以及对西北五省区旅游品牌建设的贡献程度。该指标由专家决定，按照等级级别，非常高为优等级，非常低为劣等级。

（23）旅游危机处理机制：该指标主要是反映西北丝绸之路旅游区内所设置的品牌危机管理机构、危机预案等完善情况。该指标由专家决定，按照等级级别，非常完善为优等级，非常不完善为劣等级。

（24）品牌法律保护：该指标主要是反映西北五省区旅游品牌的商标注册情况、区域旅游品牌法律层面的保护情况的高低。该指标由专家决定，按照等级级别，非常高为优等级，非常低为劣等级。

（25）品牌发展规划：该指标主要反映所制定的西北五省区旅游品牌的发展规划、实施方案、方案人财务配备情况等。该指标主要由专家决定，按照等级级别，非常完备为优等级，非常不完备为劣等级。

（26）旅游总收入增长率：该指标主要是反映西北丝绸之路旅游收入的增长情况和变化程度，该指标数值计算来源于统计数据。计算公式为：旅游收入增长率＝（当期旅游总收入－基期旅游总收入）/基期旅游总收入。旅游收入增长率的高低由专家判定，按照等级级别，设置为"优""良""中""差""劣"五个等级。

（27）旅游接待人次增长率：该指标主要是衡量西北丝绸之路旅游区内接待人次的增长情况和变化程度，该指标数值计算也源于官方统计数据。计算公式为：旅游接待人次增长率 =（当期旅游接待人次 − 基期旅游接待人次）/基期旅游接待人次。旅游接待人次增长率的高低由专家判定，按照等级级别，设置为"优""良""中""差""劣"五个等级。

（28）旅游收入占 GDP 比重：该指标反映西北丝绸之路旅游区内旅游收入占区域 GDP 的比例大小，反映旅游产业的经济效应。参照已有学者的研究，按照等级级别，当 $P \geqslant 30\%$ 为优等级，$20\% \leqslant P < 30\%$ 为良等级，当 $10\% \leqslant P < 20\%$ 为中等级，当 $5\% \leqslant P < 10\%$ 为差等级，当 $P < 5\%$ 为劣等级。

（29）旅游就业乘数：该指标由专家决定，按照评分等级，旅游就业乘数非常明显为优等级，非常不明显为劣等级。

8.4　西北五省区旅游品牌建设评价模型

8.4.1　评价模型设定

西北五省区旅游品牌建设需要各相关利益主体的共同努力，品牌评价主体多样，最终对西北五省区旅游品牌的评价需要结合指标权重和评价标准两个方面。在指标权重和评价标准确定后，就可以采用量化值加权函数计算的方法计算最终的品牌综合评价结果。目前，对西北五省区旅游品牌的评价可以通过两种方法计算，即线性加权求和函数和几何加权函数两种。考虑到评价过程的直观性和可操作性，本书采用线性加权求和函数的方法计算西北五省区旅游品牌的综合评价结果。

根据线性加权求和函数，西北五省区旅游品牌评价综合得分为：

$$F_i = \sum_{j=1}^{n} f_{ij}\lambda_{ij}$$

其中，$\lambda_{ij} = \lambda_i * \lambda_j$，"$F_i$" 为第 "$i$" 项二级指标评价值；

"f_{ij}" 为第 "i" 项二级指标评价值的第 "j" 项三级指标的量化得分值；

"λ_{ij}" 为第 "i" 项二级指标评价值的第 "j" 项三级指标的最终权重值；

"λ_i" 为被评价项目的第 "i" 项二级指标的权重值；

"λ_j" 为第 "i" 项指标评价值的第 "j" 项三级指标权重值。

8.4.2　综合评价结果分类

最后，本书参考《中国最佳旅游城市评定细则》中对旅游城市的评定结果分类，来确定西北五省区旅游品牌当前处于哪个发展阶段，从而作出最终评价。《中国最佳旅游城市评定细则》中对旅游城市的评定结果分类标准如下：

（1）品牌萌芽阶段：$F_i \in (0, 59]$

（2）品牌起步阶段：$F_i \in [60, 70)$

（3）品牌初步发展阶段：$F_i \in [70, 80)$

（4）品牌快速发展阶段：$F_i \in [80, 90)$

（5）品牌成熟阶段：$F_i \in [90, 100]$

8.5　西北五省区旅游品牌建设现状评价

西北五省区作为国内丝绸之路的核心地带，由于地脉和文脉的相似性和传承性，客观上具有旅游合作的基础，完全可以将旅游资源进行整合和优化，释放旅游业发展潜能，进而提升整个西北五省区旅游品牌形象和影响力。然而目前，整个西北丝绸之路旅游区"内耗"较大，品牌建设还不太乐观。下面结合上文所构建的西北五省区旅游品牌评价模型，对现阶段西北五省区旅游品牌现状进行初步评价，为后续相关部门运用该模型综合评价西北五省区旅游品牌共享机制的运行效果做铺垫。

8.5.1　数据收集

本部分的数据来源分两部分，其中品牌产业绩效指标的数据来源是在国家统计局网站（www. stats. gov. cn）和 2020 年《中国旅游统计年鉴》的数据基础上，再通过编制成专家问卷评价指标进行收集，其余指标数据全部采用问卷的形式收集。特别地，由于疫情的影响，近两年旅游业受到重挫，基本上处于底部调整和徘徊阶段，旅游数据参考价值不大，因此在品牌产业绩效数据选取时，利用 2019 年的统计数据进行分析。此外，由于本书所构建的西北五省区旅游品牌评价模型中指标评价涉及专家评价和游客评价两部分，因此本部分将评价模型中指标体系的相应指标分别设计成专门针对专家调研和游客调研的两套问卷，具体问卷内容详见附录 F 和附录 G。在问卷中，将指标体系中各个指标因子的评价等级划分为"优""良""中""差""劣"五个等级，优等级的得分区间为 85 ~ 100 分，良等级的得分区间为 75 ~ 85 分，中等级的得分区间为 60 ~ 75 分，差等级的得分区间为 30 ~ 60 分，劣等级的得分区间为 0 ~ 30 分，被试根据实际判断对每项指标进行打分。本章的数据收集大部分是通过线上的形式进行的，其中针对游客的被试群体，采用"问卷星"平台线上收集，针对专家的被试群体采用现场的形式收集（在北京某学术会议期间发放 20 份）。本次发放期间是 2020 年 11月至 2021 年 5 月，收集问卷 477 份（其中，现场发放 87 份）。剔除无效问卷后，其中剔除的主要原因是没有看到问卷的过滤性问题（您是否去过西北五省区或其中一个省份旅游？是的话请继续填答，没有去过请停止作答），最终有效问卷 381 份，有效回收率为 79.87%。样本的人口统计学因素分布见表 8 - 18。

表 8 – 18　　　　　　　样本基本统计学状况 （N = 381）

基本资料		有效样本数	有效百分比	累计百分比
被试类型	专家	20	5.2%	5.2%
	游客	361	94.8%	100%
性别	男	209	54.9%	54.9%
	女	172	45.1%	100%
年龄	16 ~ 25 岁	43	11.3%	11.3%
	26 ~ 35 岁	111	29.1%	40.4%
	36 ~ 45 岁	94	24.7%	65.1%
	45 岁以上	133	34.9%	100%
教育程度	高中/中专以下	37	9.7%	9.7%
	大专/本科	270	70.9%	80.6%
	研究生及以上	74	19.4%	100%
个人收入	0 ~ 5000 元	60	15.7%	15.7%
	5001 ~ 10000 元	136	35.7%	51.4%
	10001 ~ 20000 元	104	27.3%	78.7%
	20000 元以上	81	21.3%	100%

可以看出，在样本性别构成中，男女占比分别为 54.9% 和 45.1%；在样本年龄构成中，年龄在 16 ~ 25 岁区间的占 11.3%，在 26 ~ 35 岁区间的占 29.1%，在 36 ~ 45 岁区间的占 24.7%，45 岁年龄阶段之上的占 34.9%；在样本学历背景构成中，受教育程度高中（含中专）及以下的占 9.7%，大学本科（含大专）的占 70.9%，研究生及以上的占 19.4%；在样本月收入构成中，月收入在 0 ~ 5000 元区间的占 15.7%，在 5001 ~ 10000 元区间的占 35.7%，在 10001 ~ 20000 元区间的占 27.4%，收入在 20000 元以上的占 21.3%。总体来看，样本的性别构成相对平衡，样本中年轻人居多，学历背景较好，且具有一定的经济基础，符合研究需求和旅游消费实际。

8.5.2　数据分析

1. 数值计算

由于在构建西北五省区旅游品牌评价模型时，指标体系已经经过优化修正和隶属度分析，本部分直接将专家问卷和游客问卷的指标得分进行算术评价汇总，各指标得分情况见表8－19。

表8－19　　　　　　　　西北五省区旅游品牌评价指标得分

目标层	准则层	要素层	指标层		得分
西北五省区旅游品牌评价指标体系 U	游客感知视角 A	形象感知 A1	A11	主题口号	72.5
			A12	宣传标识	64
			A13	品牌知名度	90
			A14	品牌美誉度	71.2
		心理感知 A2	A21	居民友好程度	78
			A22	地域文化特色	86
			A23	公众安全感	64
			A24	品牌满意度	67
			A25	品牌忠诚度	72.5
	品牌构建视角 B	旅游资源 B1	B11	旅游资源特色	84
			B12	旅游资源观赏性	80.5
			B13	旅游资源保护程度	71
			B14	旅游产品独特性	72.4
		旅游设施 B2	B21	旅游餐饮环境	54.5
			B22	旅游住宿环境	64
			B23	旅游交通环境	62
			B24	旅游购物环境	60.5
			B25	文娱活动环境	67.2

目标层	准则层	要素层	指标层		得分
西北五省区旅游品牌评价指标体系 U	品牌构建视角 B	旅游服务 B3	B31	反馈投诉机制	64.8
			B32	旅游咨询服务	70
			B33	导游服务质量	68
		品牌维护 B4	B41	旅游行业协会建设水平	59.6
			B42	旅游危机处理机制	58
			B43	品牌法律保护	55
			B44	品牌发展规划	60
	经济效果视角 C	品牌产业绩效 C1	C11	旅游总收入增长率	85
			C12	旅游接待人次增长率	90.2
			C13	旅游收入占 GDP 比重	83.5
			C14	旅游就业乘数	71.4

2. 评价得分

　　将表 8 – 19 中西北五省区旅游品牌评价指标得分，乘以西北五省区旅游品牌评价模型中各指标权重，得出如表 8 – 20 中的评价指标计算结果。

表 8 – 20　　　　　　　西北五省区旅游品牌各层评价指标得分

目标层	得分	准则层	得分	要素层	得分
西北五省区旅游品牌评价指标体系 U	74.40	游客感知视角 A	39.11	形象感知 A1	74.89
				心理感知 A2	72.51
		品牌构建视角 B	23.54	旅游资源 B1	78.60
				旅游设施 B2	61.29
				旅游服务 B3	68.64
				品牌维护 B4	58.38
		经济效果视角 C	11.75	品牌产业绩效 C1	84.19

　　由表 8 – 20 的数据可以看出，目前西北五省区旅游品牌评价的得分为

74.40 分。根据前文构建的西北五省区旅游品牌的发展阶段标准，目前西北五省区旅游品牌还处于初步发展阶段。西北五省区作为国内丝绸之路的核心地带，由于地脉和文脉的相似性和传承性，客观上具有旅游合作的基础，完全可以将旅游资源进行整合和优化，释放旅游业发展潜能，进而提升整个西北五省区旅游品牌形象和影响力。然而目前，整个西北丝绸之路旅游区"内耗"较大，品牌建设还不理想。置于现阶段国家实施和推进"一带一路"倡议的宏观制度环境，本书构建了西北五省区旅游品牌的共享机制，试图通过西北五省区旅游品牌的共建共享，提升整个西北五省区旅游品牌形象和竞争力。诚然，共享机制的运行效果具有滞后性，本章构建的西北五省区旅游品牌的评价模型，能够为后续相关部门综合评价西北五省区旅游品牌共享机制的运行效果提供方法和手段，也能够更准确和适时地判断西北五省区旅游品牌的发展情况和阶段，为塑造和提升整个西北五省区旅游品牌形象奠定基础。

第9章

政策建议和研究展望

本章首先针对目前西北五省区旅游品牌的现状和问题，在对西北五省区旅游品牌的共建、共享等相关问题研究的基础上，从完善基础设施、健全法律法规、加强高层次合作等方面搭建西北五省区旅游品牌的支撑体系；随后，介绍了本书的局限之处，并提出了后续的研究方向。

9.1 相关政策建议

9.1.1 完善基础设施，增强游客体验

基础设施完善与否是形成游客旅游体验的第一感知，是旅游发展的前提，也是区域旅游品牌塑造的基础和支撑。当前整个西北地区的交通网络布局不均衡，省会城市的交通设施相对完善，但其他地区则较为薄弱，这阻碍了整个西北丝绸之路沿线旅游资源的有效整合，也在一定程度上限制了游客在区域内的高效流动，使得区域内旅游圈层之间很难打通，不利于中心城市的辐射和带动作用。因此，西北五省区通过合力进一步加强和完善旅游配套基础设施建设应该成为现阶段西北旅游发展中的重要任务。具体来讲：首

先，西北五省区应该基于省际层面的高层次合作，在制定整个区域旅游发展规划的基础上，统筹交通基础设施的建设。在一定程度上，基础设施建设可以纳入西北五省区旅游合作的内容。在政府的主导下，打破省界、市界以及县界之间的物理障碍，形成跨区域的立体交通网络。其次，完善酒店、旅行社、旅游集散基地等旅游业基础设施。西北丝绸之路旅游区地理范围广，要延长游客的逗留时间，需要进一步完善与旅游业直接相关的基础设施，特别是在住宿、餐饮、汽车租赁等方面的基础设施建设。从本书所分析的游记文本中也可以看出，游客在旅行过程中非常注重出行和住宿，"大巴""酒店""司机"等与基础设施相关的名词词频较高，再次说明了基础设施建设的重要性。最后，完善物流和信息流相关配套设施的建设。物流主要依赖于便捷的交通，信息流主要依赖于互联网、宽带技术，但二者又相互影响。旅游是一种生活，特别是游客在购买长线旅游产品的情况下，表现得尤为突出。现阶段，游客在旅行决策中，目的地的物理距离已经不是严格意义上的制约因素，如果旅游目的地的物流和信息流十分畅通，依然能够有机会成为游客的出游对象，这也是近年来出境旅游人次逐年攀升的原因。当然，近几年由于全球疫情的影响，旅游业受到重创，近两年旅游业的发展基本上处于底部调整和徘徊，因此出境旅游数据的参考价值有所折扣。西北丝绸之路旅游区地处我国西北地区，地理位置偏远，人烟稀少，要想吸引游客前往，除了依靠自身的旅游资源特色，完善的物流、信息流等配套基础设施建设，跟进互联网发展进程，才能够让西北丝绸之路旅游发展"如虎添翼"，助力当地特色旅游资源的开发与推介，增强对潜在游客的吸引力和体验感。

9.1.2 健全法律法规，加强资源保护

旅游目的地的发展需要"又专又红"，其中"专"主要是指旅游目的地所拥有旅游资源数量、质量和种类，"红"主要是指旅游目的地在旅游发展中需要保护生态环境、承担社会责任等方面的行为。可以看出，旅游资源是目的地旅游发展的核心要素。品牌的塑造并非一朝一夕之功，而是持续的品

牌活动。提升西北五省区旅游品牌形象的关键在于将西北丝绸之路区域独特的自然与人文旅游资源的特定内涵持续地展现出来，这就需要保证旅游资源开发和利用的永续性。一方面，西北地区自然环境恶劣，地广人稀，经济发展相对落后，当前部分地区的旅游资源已经存在过度开发的问题，使得不可复制的旅游资源遭到人为破坏。区域旅游合作的目的是整合区域旅游资源，发挥比较优势，提升整个区域旅游经济的协调发展，但在此过程中不能过度开发，无效整合。另一方面，目前西北丝绸之路旅游区还存在很多优秀的文化遗产没有被发掘和保护，并随着自然环境的变化而逐渐消失。因此，合理平衡西北丝绸之路旅游资源的开发和保护是提升西北五省区旅游品牌竞争力的重要途径。目的地品牌的塑造和提升需要旅游资源做基础，没有旅游资源，品牌就如同"空中楼阁"。因此，健全法律法规，注重旅游资源保护是现阶段西北旅游发展的一个重要任务。首先，政府部门应积极作为，充分发挥主导地位。西北五省区可以针对丝绸之路沿线的旅游资源的保护情况，推出五省之间相互协调、标准一致的自然资源和文化资源保护及开发法规，从而在制度上防止过度开发，保护区域旅游资源，以确保品牌发展的永续性，为区域旅游品牌建设"保驾护航"。其次，通过建立专项资源保护资金，加大保护资金投入。可以充分利用国家文化遗产保护的相关政策申请国家专项保护资金，同时还可以从旅游收入中提取专项基金用于自然和文化遗产的抢救与保护。

9.1.3　推进高层次的深入合作，形成联动机制

西北五省区旅游品牌的共建、共享必须在政府主导下进行，这是由区域旅游品牌的产权属性所决定的。当前，西北五省区旅游品牌存在整体形象模糊，竞争力不强以及整个区域旅游经济发展不平衡的现状，重要原因之一就是沿线各区域，特别是省级区域之间缺乏高层次合作。虽然随着"一带一路"倡议的实施和推进，西北五省区之间也展开了一系列的合作，如2015年，西北五省区等12个丝绸之路沿线省市旅游局共同成立了"丝绸之路旅

游推广联盟"。随后，由西北五省区主导的"丝绸之路文旅产业联盟""丝绸之路经济带品牌联盟"也相继成立，但这些合作层次不够高，且无实质性的合作进展，大多都是有名无实。沿线各省如果没有完善的合作框架，在旅游资源整合、平台整合、资本整合等方面就无法深入进行，丝绸之路品牌的共建、共享就难以实质地推进。因此，需要建立一个省级层面的合作机制，充分调动各省份主体的积极主动性，形成联动机制，才能保证西北五省区旅游品牌竞争力的实质提升。可以借鉴本书对西北五省区旅游品牌共享机制的构建思路，从合作目标、合作内容、合作方式及合作治理等重要模块入手，推进西北五省区深层次合作，达到整个西北丝绸之路旅游发展的协调、平衡，实现帕累托最优。

9.1.4　完善人才机制，吸引优秀人才

旅游业具有显著的联动效应，它的发展能够带动一系列行业的发展，但它自身的发展除了需要具备独特的旅游资源外，还需要其他行业的协助和支撑，否则也很难发展壮大。任何事业都是由人来做，西北地区普遍存在高素质人才缺乏的困境，而且还是高等教育的洼地（除西安以外），这极大地约束了当地经济的发展，区域内各行业的发展都受到了不同程度的牵制。西北地区的旅游要想得到更好的发展，除了需要在基础设施建设、资金引入等方面下功夫外，必须吸引高素质的优秀旅游人才，建立区域人才库，打造区域旅游竞争的软实力。在人才建设方面，一是针对现有的旅游管理人才，建立人才交流与合作机制。通过定期与不定期的交流，提高旅游管理人才素质。二是加强旅游从业人员的素质教育。旅游业是一个服务行业，高素质的旅游从业人员能够很好地提升游客的旅游体验。在这方面，旅游行业指导部门应发挥积极作用，可以通过提供各种培训、行业竞赛等方式来提升从业人员服务意识。三是推出"特殊政策"吸引并留住优秀人才。西北地区本来人才就缺乏，再加上地理位置、气候等原因，特别是新疆、甘肃、宁夏与青海等地区如果没有"特殊政策"，很难吸引外地的优秀人才，而且还会导致本地

人才外流。因此地方政府必须在吸引人才方面下"苦功夫"，在待遇、工作环境等方面提供可竞争性的条件，吸引优秀人才流入。

9.2　研究局限与未来展望

9.2.1　研究局限

任何研究都会因主客观条件的限制存在一定的局限性，本书也不例外。本书的局限性体现在以下几个方面：首先，数据收集方面。本书的数据搜集因疫情原因而受到了一定程度的影响。特别是在问卷的收集方面，虽然整体上获得的问卷数量满足了研究需要，但随机性方面可能还存在欠缺。其次，变量的测度方面。本书对潜变量的测量使用了国外成熟的量表，且主要采用李克特五级量表进行打分，虽然这些量表较为成熟，且得到的数据也具有较好的信度和效度，但量表的测量仍然避免不了主观性。另外，作为探索性研究，实地调研更能保证研究的可信度。受疫情的影响，本书仅实地调研了新疆喀什、陕西西安和甘肃敦煌三个旅游目的地，后续规划要去的目的地没有机会进行实地调研。虽然相对来说，这三个旅游目的地具有完整的自然和人文景观，地方特色保存完整，多种生活方式并存，具有较强的代表性，但广泛的实地调研也许得出的结论更为可靠，这也是以后努力的一个方向。最后，作为一种探索性研究，本书所构建的品牌共享机制及评价模型的适用性有待检验。特别是第 8 章构建的西北五省区旅游品牌评价模型，主要目的是对西北五省区旅游品牌共享机制的运行效果进行评价，由于本书所提出的共享机制还未被应用或采纳，故模型的适应性有待检验。

9.2.2　未来展望

在本书的基础上，后续研究还可以在以下几个方面进行深入探讨：首先，对本书所构建的品牌共享机制做进一步深化，本书构建的品牌共享机制主要基于西北五省区旅游品牌，对其他类似的区域旅游品牌是否也具有适用性？未来将尝试把该品牌共享机制进一步结合其他旅游目的地的具体情况展开分析。其次，本书的对象是国内丝绸之路的核心路段（西北五省区），而丝绸之路旅游线路是一条国际化的经典旅游线路，未来研究将聚焦于如何在国际市场上塑造丝绸之路旅游品牌。

主要参考文献

[1] 白凯，胡宪洋．旅游目的地品牌个性：理论来源与关系辨识 [J]．旅游学刊，2013（4）：35-47．

[2] 白凯，张春晖．乡村旅游地品牌个性特征研究——以西安长安区"农家乐"为例 [J]．财贸研究，2009（3）：114-120．

[3] 蔡锐．遗产廊道旅游品牌基因选择研究 [D]．北京第二外国语学院，2016．

[4] 任昌辉，巢乃鹏．我国政府网络舆情综合治理创新路径研究：基于治理工具论的分析视角 [J]．电子政务，2021（6）：40-51．

[5] 常远．区域品牌形象对公司品牌评价的作用机制研究 [D]．吉林财经大学，2017．

[6] 陈传康，王民，牟光蓉．中心城市和景区旅游开发研究 [J]．地理与地理信息科学，1996（1）：47-51．

[7] 陈传康．华北文化旅游区与京津冀旅游开发协作 [J]．城市问题，1989（1）：62-66．

[8] 迟国泰，曹婷婷，张昆．基于相关——主成分分析的人的全面发展评价指标体系构建 [J]．系统工程理论与实践，2012，32（1）：111-119．

[9] 仇学琴．欧洲旅游便利化及对大湄公河次区域旅游发展的借鉴 [J]．经济与管理研究，2007（9）：82-86．

[10] 崔凤军，何晓霜，李山，钟章奇．长三角区域旅游合作的演化阶段及其供需耦合 [J]．世界地理研究，2018，27（6）：42-53．

[11] 邓琼芬. 文化旅游区景观基因的表现手法研究 [J]. 嘉应学院学报, 2010, 28 (1): 42 - 45.

[12] 冯南平, 唐运舒, 彭张林等. 基于扎根理论——统计方法——信息熵的民生工程建设评价指标体系构建 [J]. 预测, 2013 (6): 66 - 72.

[13] 龚胜生, 张涛, 丁明磊等. 长江中游城市群合作机制研究 [J]. 中国软科学, 2014 (1): 96 - 104.

[14] 郭锐, 汪涛, 严良. 国外品牌在中国的转化研究: 基于合理性理论 [J]. 经济管理, 2010 (9): 180 - 186.

[15] 郭文. 基于景区地格维系的游客行为管理 [N]. 中国旅游报, 2007 - 02 - 26 (7).

[16] 郭英之. 基于文化软实力的旅游目的地品牌文化营销 [J]. 旅游学刊, 2013 (1): 18 - 20.

[17] 郭永锐, 陶犁, 冯斌. 国外旅游目的地品牌研究综述 [J]. 人文地理, 2011 (3): 147 - 153.

[18] 韩慧林. 丝绸之路旅游品牌塑造与营销机理探索——以品牌基因为视角 [J]. 技术经济与管理研究, 2020, 285 (4): 69 - 73.

[19] 胡宪洋, 白凯. 拉萨八廓街地方性的游客认同建构 [J]. 地理学报, 2015, 70 (10): 1632 - 1649.

[20] 胡最, 刘春腊, 邓运员, 杨立国. 传统聚落景观基因及其研究进展 [J]. 地理科学进展, 2012, 31 (12): 1620 - 1627.

[21] 胡最, 刘沛林, 邓运员, 郑文武, 邱海洪. 汝城非物质文化遗产的景观基因识别——以香火龙为例 [J]. 人文地理, 2015 (1): 64 - 69.

[22] 黄胜兵, 卢泰宏. 品牌个性维度的本土化研究 [J]. 南开管理评论, 2003 (1): 4 - 9.

[23] 黄文炜, 袁振杰. 地方、地方性与城中村改造的社会文化考察——以猎德村为例 [J]. 人文地理, 2015, 30 (3): 42 - 49.

[24] 黄燕凤. 区域旅游目的地品牌建设评价与提升研究 [D]. 江西财经大学, 2013.

[25] 杜骏飞. 网络社会治理共同体：概念、理论与策略 [J]. 华中农业大学学报（社会科学版），2020（6）：1-8.

[26] 赖思振，杨勇，邹永广，吴沛，李媛. 中国省际旅游安全合作网络结构特征研究——基于旅游政务官网的旅游安全合作信息 [J]. 旅游学刊，2021，36（12）：54-71.

[27] 李飞，宋金平. 廊道遗产：概念、理论源流与价值判断 [J]. 人文地理，2010（2）：74-77.

[28] 李金龙，李朝辉. 我国区域旅游中地方政府间的竞合关系探析 [J]. 经济地理，2011，31（6）：1031-1035.

[29] 李松柏. 环太湖城市旅游竞争力与区域旅游合作研究 [J]. 经济地理，2014，34（2）：180-186.

[30] 李艳萍，乔琦，柴发合等. 基于层次分析法的工业园区环境风险评价指标权重分析 [J]. 环境科学研究，2014，27（3）：334-340.

[31] 李燕琴，吴必虎. 旅游形象口号的作用机理与创意模式初探 [J]. 旅游学刊，2004（1）：82-86.

[32] 李一. 网络社会治理的"功能整合"：内涵、类型与实践指向 [J]. 浙江社会科学，2021（8）：84-91.

[33] 梁雪松. 遗产廊道区域旅游合作开发战略研究 [D]. 陕西师范大学，2007.

[34] 林民书，刘名远. 区域经济合作中的利益分享与补偿机制 [J]. 财经科学，2012（5）：62-70.

[35] 刘超群，李志刚，徐江，叶嘉安. 新时期珠三角"城市区域"重构的空间分析——以跨行政边界的基础设施建设为例 [J]. 国际城市规划，2010（2）：31-38.

[36] 刘德谦. 关于区域旅游合作的思考——当前中国区域旅游合作的难点与机遇 [J]. 旅游学刊，2008（3）：13-18.

[37] 刘洪深，何昊，周玲等. 中国品牌合理化战略对国外消费者支持的内化机制研究 [J]. 北京工商大学学报：社会科学版，2016，31（5）：

50 - 57.

　　[38] 刘力钢, 陈金. "一带一路"沿线重点省份入境旅游规模差异及其影响因素 [J]. 经济地理, 2020, 40 (10): 191 - 201.

　　[39] 刘丽娟, 李天元. 国外旅游目的地品牌化研究现状与分析 [J]. 人文地理, 2012 (2): 26 - 31.

　　[40] 刘美萍. 网络社会组织参与网络空间治理的价值、困境及破解 [J]. 云南社会科学, 2020 (3): 128 - 133.

　　[41] 刘美萍. 演化博弈视角下网络社会组织参与网络舆情治理研究 [J]. 南通大学学报 (社会科学版), 2021, 37 (6): 71 - 80.

　　[42] 刘沛林. "景观信息链"理论及其在文化旅游地规划中的运用 [J]. 经济地理, 2008, 28 (6): 1035 - 1039.

　　[43] 刘沛林. 古村落文化景观的基因表达与景观识别 [J]. 衡阳师范学院学报 (社会科学), 2003 (4): 1 - 8.

　　[44] 刘亦雪, 姚延波. 旅游制度环境与国内旅游消费: 制度嵌入性视角 [J]. 旅游学刊, 2020, 35 (3): 11 - 13.

　　[45] 马东跃. 旅游宣传口号的有效性分析 [J]. 社会科学家, 2011 (4): 67 - 70.

　　[46] 马耀峰, 刘军胜. 中国丝绸之路世界遗产旅游发展战略研究 [J]. 陕西师范大学学报: 自然科学版, 2015, 43 (6): 6.

　　[47] 马耀峰. 丝绸之路国内段旅游合作与开发 [J]. 丝绸之路, 2009 (16): 5 - 10.

　　[48] 毛端谦, 刘宇飞, 刘春燕, 欧阳柳. 井冈山旅游品牌个性特征研究 [J]. 经济地理, 2015 (7): 204 - 208.

　　[49] 孟令航, 徐红. 英国网络空间治理的逻辑变迁——基于治理主体、理念与方式三重维度的分析 [J]. 情报杂志, 2021, 40 (9): 19 - 25.

　　[50] 明庆忠, 周玉林. 基于地缘视角的边境跨境旅游的合作与发展——云南财经大学旅游文化产业研究院院长明庆忠教授访谈 [J]. 社会科学家, 2019 (11): 3 - 10.

[51] 南宇，李兰军. 西北丝绸之路旅游区合作开发研究——基于丝路申遗的视角分析 [J]. 地域研究与开发，2009，28 (5)：97 – 101.

[52] 南宇. 西北丝绸之路旅游区旅游品牌创新研究 [J]. 贵州社会科学，2009 (11)：73 – 77.

[53] 南宇. 西北丝绸之路五省区跨区域旅游合作开发战略研究 [M]. 北京：科学出版社，2012.

[54] 宁昌会，曹云仙子. 成分品牌联合的溢出效应研究——品牌熟悉度和介入度的调节作用 [J]. 中南财经政法大学学报，2016 (2)：122 – 129.

[55] 庞笑笑. 旅游品牌共享型区域旅游经济协调发展研究 [D]. 东北师范大学，2014.

[56] 钱妙芬，叶梅. 旅游气候宜人度评价方法研究 [J]. 成都信息工程学院学报，1996 (3)：128 – 134.

[57] 曲颖，李天元. 旅游目的地非功用性定位研究——以目的地品牌个性为分析指标 [J]. 旅游学刊，2012 (9)：17 – 25.

[58] 史晓寰，伏广彬，任奕. "一带一路" 倡议下甘肃省入境旅游发展现状与对策研究 [J]. 兰州财经大学学报，2020，36 (2)：106 – 115.

[59] 宋家泰，顾朝林. 论地理学现代区位研究 [J]. 地域研究与开发，1987 (2)：1 – 9.

[60] 宋子千. 论区域旅游合作的动力机制——兼与靳诚等同志商榷 [J]. 旅游学刊，2008，23 (2)：46 – 50.

[61] 孙立，何佳讯. 国家品牌战略、企业制度性行为与品牌资产——中国乳业市场的证据 [J]. 经济管理，2019，41 (4)：144 – 159.

[62] 孙涛，谢东明. 城郊社区结构异质性及其治理模式选择——基于网络治理视角 [J]. 湘潭大学学报 (哲学社会科学版)，2020，44 (6)：15 – 23.

[63] 汤茂林. 文化景观的内涵及其研究进展 [J]. 地理科学进展，2000，19 (1)：70 – 79.

［64］唐淼．基于游客视角的山西旅游目的地品牌建设评价及提升策略研究［D］．湘潭大学，2018．

［65］唐顺英，周尚意．浅析文本在地方性形成中的作用——对近年文化地理学核心刊物中相关文章的梳理［J］．地理科学，2011，31（10）：1159－1165．

［66］唐文跃．地方感研究进展及研究框架［J］．旅游学刊，2007（11）：70－77．

［67］王畅．旅游目的地品牌基因筛选机制研究——以泉州为例［D］．北京第二外国语学院，2018．

［68］王宁．消费行为的制度嵌入性——消费社会学的一个研究纲领［J］．中山大学学报：社会科学版，2008，48（4）：140－145．

［69］王小洁，孙国峰．河长制网络治理机制研究［J］．行政与法，2019，254（10）：92－101．

［70］王永刚，李萌．旅游一体化进程中跨行政区利益博弈研究——以长江三角洲地区为例［J］．旅游学刊，2011（1）：24－30．

［71］王兆峰．区域旅游产业品牌竞争力评价指标体系构建研究［J］．财经理论与实践，2007，28（4）：108－111．

［72］邬姗姗．影响消费者对联合品牌评价因素的研究［D］．南京理工大学，2008．

［73］吴必虎．区域旅游规划原理［M］．中国旅游出版社，2001．

［74］吴小天．"旅游目的地品牌化"的内涵辨析与定义修订——基于国外文献及治理视角［J］．地理与地理信息科学，2013，29（2）：95－99．

［75］熊鹰，张茜，侯珂伦，尹建军，黄利华．全域旅游视角下环洞庭湖城市旅游竞争力及区域合作［J］．经济地理，2020，40（7）：211－219．

［76］徐淑梅，王烨，崔磊．中国"四极"区域旅游合作发展模式研究［J］．世界地理研究，2011，20（2）：90－96．

［77］许峰，秦晓楠，张明伟等．生态位理论视角下区域城市旅游品牌系统构建研究——以山东省会都市圈为例［J］．旅游学刊，2013，28（9）：

43 – 52.

[78] 杨立国，刘沛林，林琳．传统村落景观基因在地方认同建构中的作用效应——以侗族村寨为例 [J]．地理科学，2015，35（5）：593 – 598.

[79] 杨荣斌，郑建瑜，程金龙．区域旅游合作结构模式研究 [J]．地理与地理信息科学，2005，21（5）：95 – 98.

[80] 袁红，李佳．行动者网络理论视域下社会热点事件网络舆情治理策略研究 [J]．情报资料工作，2021，42（6）：31 – 44.

[81] 詹琳．基于文化品牌形象的区域旅游文化开发策略研究——以沈从文与赵树理为例 [J]．湖南社会科学，2016（5）：195 – 198.

[82] 张补宏，韩俊刚．珠三角区域旅游一体化机制创新探析 [J]．地理与地理信息科学，2011（6）：96 – 100.

[83] 张朝枝，保继刚．国外遗产旅游与遗产管理研究——综述与启示 [J]．旅游科学，2004（4）：7 – 16.

[84] 张鸿雁．论城市形象建设与城市品牌战略创新——南京城市综合竞争力的品牌战略研究 [J]．南京社会科学，2002（s1）：327 – 338.

[85] 张文律．产业集群中品牌生态的治理机制研究 [J]．西安石油大学学报（社会科学版），2011（5）：44 – 48.

[86] 张翔云．旅游地品牌化的路径选择与实现 [J]．社会科学家，2018（1）：105 – 111.

[87] 王兆峰．区域旅游产业品牌竞争力评价指标体系构建研究 [J]．财经理论与实践，2007，28（4）：108 – 111.

[88] 赵英英．基于生活方式的旅游目的地"地格"因子体系研究 [D]．北京第二外国语学院，2016.

[89] 周尚意，张晶．地方性对地理标识性产品垄断利润形成的影响——以苏州洞庭碧螺春为例 [J]．地理科学，2015，35（11）：1357 – 1363.

[90] 朱翊敏，李蔚，刘容．慈善营销中契合度、熟悉度和产品性质对消费者响应的影响 [J]．南开管理评论，2012，15（3）：33 – 41.

[91] 邹统钎，金川，王晓梅．中国遗产旅游资源管理体制的历史演

变、问题及改革路径研究 [J]. 资源科学, 2013, 35 (12): 2325 - 2333.

[92] 邹统钎. "一带一路" 旅游合作愿景、难题与机制 [J]. 旅游学刊, 2017, 32 (6): 9 - 11.

[93] 邹统钎. 旅游目的地品牌如何实现 "千城千面" [J]. 人民论坛·学术前沿, 2021 (4): 90 - 99.

[94] 邹统钎. 乡村旅游发展的围城效应与对策 [J]. 旅游学刊, 2006 (3): 8 - 9.

[95] 邹统钎. 中国旅游景区管理模式研究 [M]. 南开大学出版社, 2006.

[96] 邹永广, 朱尧, 何月美. 海峡西岸经济区旅游经济空间结构与合作格局演进 [J]. 经济地理, 2018, 38 (11): 226 - 233.

[97] Aaker D A, Keller K L. Interpreting cross-cultural replications of brand extension research [J]. International Journal of Research in Marketing, 1993, 10 (1): 55 - 59.

[98] Aaker J. L. Dimensions of brand personality [J]. Journal of Marketing Research, 1997, 34 (3): 347 - 356.

[99] Aaker, D. A. Managing brand equity: capitalizing on the value of a brand name [J]. Journal of Business Research, 1994, 29 (3): 247 - 248.

[100] Agnew J A. Place and politics: The geographical mediation of state and society [J]. Transactions of the Institute of British Geographers, 1987, 13 (2): 251.

[101] Ajitabh A, Momaya K. Competitiveness of Firms: Review of Theory, Frameworks and Models [J]. Singapore Management Review, 2004, 26 (1): 45 - 45.

[102] Akerlund U, Sandberg L. Stories of lifestyle mobility: representing self and place in the search for the 'good life' [J]. Social & Cultural Geography, 2015, 16 (3): 351 - 370.

[103] Anne Drost. Developing Sustainable Tourism for World Heritage Sites

[J]. Annals of Tourism Research, 1996, 23 (2): 479 - 484.

[104] Ashlee H, Thompson C J. Branding disaster: reestablishing trust through the ideological containment of systemic risk anxieties [J]. Journal of Consumer Research, 2014, (4): 877 - 910.

[105] Baloglu S. An investigation of a loyalty typology and the multi destination loyalty of international travelers [J]. Tourism Analysis, 2001, 6 (1): 41 - 52.

[106] Baloglu S. Image variations of Turkey by familiarity index: informational and experiential dimensions [J]. Tourism Management, 2001, 22 (2): 127 - 133.

[107] Banister D, Berechman Y. Transport investment and the promotion of economic growth [J]. Journal of Transport Geography, 2001, 9 (3): 209 - 218.

[108] Barney J B. Firm resources and sustained competitive advantage [J]. Journal of Management, 1991, 17 (1): 99 - 120.

[109] Baron R M, Kenny D A. The Moderator - Mediator Variable Distinction in Social Psychological Research [J]. Journal of Personality and Social Psychology, 1987, 51 (6): 1173 - 1182.

[110] Becherel L. The WTO tourism policy and strategy course [J]. The WTO tourism policy and strategy course, 2001, (4): 16 - 20.

[111] Benson M, O'Reilly K. Lifestyle migration: expectations, aspirations and experiences [M]. Ashgate, 2013.

[112] Bingham C B, Eisenhardt K M. Position, leverage and opportunity: a typology of strategic logics linking resources with competitive advantage [J]. Managerial & Decision Economics, 2008, 29 (2): 241 - 256.

[113] Birger W. Stagflation, new products, and speculation [J]. Journal of Macroeconomics, 1984, 6 (3): 295 - 309.

[114] Blain C, Levy S E, Ritchie J R B. Destination branding: insights

and practices from destination management organizations [J]. Journal of Travel Research, 2005, 43 (4): 328 – 338.

[115] Boo S, Busser J, Baloglu S. A model of customer-based brand equity and its application to multiple destinations [J]. Tourism Management, 2009, 30 (2): 219 – 231.

[116] Bornhorst T, Ritchie J R B, Sheehan L. Determinants of tourism success for DMOs & destinations: An empirical examination of stakeholders' perspectives [J]. Tourism management, 2010, 31 (5): 572 – 589.

[117] Bott. The development of psychometric scales to measure sense of place [J]. Scandinavian Journal of Hospitality & Tourism, 2000, 15 (4): 425 – 446.

[118] Bouchon F A L. Truly Asia, and global city? Branding strategies and contested identities in Kuala Lumpur [J]. Place Branding & Public Diplomacy, 2014, 10 (1): 6 – 18.

[119] Cai L A. Cooperative branding for rural destinations [J]. Annals of Tourism Research, 2002, 29 (3): 720 – 742.

[120] Campelo A et al. Sense of Place: The Importance for Destination Branding [J]. Journal of Travel Research, 2014. 53 (2): 154 – 166.

[121] Chang T C. From "instant asia" to "multi-faceted jewel": urban imaging strategies and turism development in Singapore [J]. Urban Geography, 1997, 18 (6): 542 – 562.

[122] Chekalina T, Fuchs M, Lexhagen M. Customer-based destination brand equity modeling: the role of destination resources, value for money, and value in use [J]. Journal of Travel Research the International Association of Travel Research & Marketing Professionals, 2018, 57 (1): 31 – 51.

[123] Chen L. Push pull factors in international birders' travel [J]. Tourism Management, 2015, 48: 416 – 425.

[124] Cheng T, Wu H C. How do environmental knowledge, environmental

sensitivity, and place attachment affect environmentally responsible behavior? An integrated approach for sustainable island tourism [J]. Journal of Sustainable Tourism, 2015. 23 (4): 557 – 576.

[125] Chronis A. Between place and story: Gettysburg as tourism imaginary [J]. Annals of Tourism Research, 2012. 39 (4): 1797 – 1816.

[126] Cox C, Wray M. Best practice marketing for regional tourism destinations [J]. Journal of Travel & Tourism Marketing, 2011, 28 (5): 524 – 540.

[127] Crompton J L. An assessment of the image of Mexico as a vacation destination and the influence of geographical location upon that image [J]. Journal of Travel Research, 1979, 17 (4): 18 – 24.

[128] Crook T R, et al. Strategic resources and performance: a meta-analysis [J]. Strategic Management Journal, 2008, 29 (11): 1141 – 1154.

[129] Czernek K. Determinants of cooperation in a tourist region [J]. Annals of Tourism Research, 2013, 40: 83 – 104.

[130] Dann G M S. Anomie, ego-enhancement and tourism [J]. Annals of Tourism Research, 1977, 4 (4): 184 – 194.

[131] D'Astous A, Boujbel L. Positioning countries on personality dimensions: Scale development and implications for country marketing [J]. Journal of Business Research, 2007, 60 (3): 231 – 239.

[132] Deng J, King B, Bauer T. Evaluating natural attractions for tourism [J]. Annals of Tourism Research, 2002, 29 (2): 422 – 438.

[133] Dichter, E. What's in an image [J]. Journal of Product & Brand Management, 2013, 1 (1), 54 – 60.

[134] Dierickx I, Cool K. Asset stock accumulation and competitive advantage [J]. Management Science, 1989: 1504 – 1511.

[135] Douglas A, Mills J E. Logging Brand Personality Online: Website Content Analysis of Middle Eastern and North African Destinations [C]. Information and Communication Technologies in Tourism, Enter 2006, Proceedings of the

International Conference in Lausanne, Switzerland. DBLP, 2006: 345.

[136] Droseltis O, Vignoles V. Towards an integrative model of place iden-tification: dimensionality and predictors of intrapersonal-level place preferences [J]. Journal of Environmental Psychology, 2010, 30 (2): 23 – 34.

[137] Durie A, Yeoman I S, McMahon – Beattie U. How the history of Scotland creates a sense of place [J]. Place Branding, 2006, 2 (1): 43 – 52.

[138] Easthope H. A place called home [J]. Housing Theory & Society, 2004, 21 (3): 128 – 138.

[139] Echtner C M, Ritchie J R B. The measurement of destination image: an empirical assessment [J]. Journal of Travel Research, 1993, 31 (4): 3 – 13.

[140] Ekinci Y, Hosany S. Destination personality: an application of brand personality to tourism destinations [J]. Journal of Travel Research, 2006, 45 (2): 127 – 139.

[141] Epperson A. Why people travel [J]. Journal of Physical Education, Recreation and Dance – Leisure Today, 1983, 54 (4): 53 – 54.

[142] Featherstone M. Lifestyle and consumer culture [J]. Theory, Culture & Society, 1987, 4 (1): 55 – 70.

[143] Fornell C, Larcker D F. Evaluating structural equation models with unobservable variables and measurement error [J]. Journal of Marketing Re-search, 1981, 18 (1): 39 – 50.

[144] Frost D, Steer J. High speeds, high time the business case for high speed rail [R]. London: British Chambers of Commerce, 2009, 11 (3): 1 – 25.

[145] Gartner W C, Ruzzier M K. Tourism destination brand equity dimen-sions: renewal versus repeat market [J]. Social Science Electronic Publishing, 2011, 50 (5): 471 – 481.

[146] Gartner W. Image formation proses [J]. Journal of Travel and Tourism Marketing, 1994, 2 (2 – 3): 191 – 216.

[147] Gigovic L, Pamucar D, Lukic D, et al. GIS – Fuzzy DEMATEL

MCDA model for the evaluation of the sites for ecotourism development: A case study of "Dunavski ključ" region, Serbia [J]. Land Use Policy, 2016, 58: 348 - 365.

[148] Gitelson R J, Crompton J L. The planning horizons and sources of information used by pleasure vacationers [J]. Journal of Travel Research, 1983, 21 (3): 2 - 7.

[149] Gomez M, Lopez C, Molina A. A model of tourism destination brand equity: The case of wine tourism destinations in Spain [J]. Tourism Management, 2015, 51 (13): 210 - 222.

[150] Graham Hooley, Amanda Broderick, Kristian Moller. Competitive positioning and the resource-based view of the firm [J]. Journal of Strategic Marketing, 1998, 6 (2): 97 - 116.

[151] Grant R. The resources-based theory of competitive advantage [J]. California Management Review, 1991, 33: 114 - 134.

[152] Gross M J, Brown G. Tourism experiences in a lifestyle destination setting: The roles of involvement and place attachment [J]. Journal of Business Research, 2006, 59 (6): 696 - 700.

[153] Gunn C A, Taylor G D. Book Review: Vacationscape: Designing Tourist Regions: (Bureau of Business Research, The University of Texas at Austin, Austin, Texas, 1972) [J]. Journal of Travel Research, 1973, 11 (3): 24.

[154] Gunn C A. Vacation scape: developing tourist areas [M]. Washington DC: 2nd, Taylor and Francis, 1997.

[155] Guo R, Tao L, Li C B, et al. A path analysis of green washing in a trust crisis among Chinese energy companies: the role of brand legitimacy and brand loyalty [J]. Journal of Business Ethics, 2017, 140 (3): 523 - 536.

[156] Gustafson N. Retirement migration and transnational lifestyles [J]. Ageing & Society, 2001, 21 (4): 371 - 394.

[157] Haemoon O. Diners' perceptions of quality, value, and satisfaction:

a practical viewpoint [J]. The Cornell Hotel and Restaurant Administration Quarterly, 2000, 41 (3): 58 – 66, 5.

[158] Hall Derek. Brand development, tourism and national identity: The re-imaging of former Yugoslavia [J]. The Journal of Brand Management, 2002 (4): 323 – 334.

[159] Handelman J M, Arnold S J. The role of marketing actions with a social dimension: appeals to the institutional environment [J]. Journal of Marketing, 1999, 63 (3): 33 – 48.

[160] Hankinson G. The brand images of tourism destinations: a study of the saliency of organic images [J]. Journal of Product & Brand Management, 2004, 13 (1): 6 – 14.

[161] Henderson J C. Selling places: the new Asia – Singapore brand [J]. Journal of Tourism Studies, 2000, 11 (1): 36 – 44.

[162] Henderson J C. Uniquely Singapore? A case study in destination branding [J]. Journal of Vacation Marketing, 2007, 13 (3): 261 – 274.

[163] Heylen J P, Dawson B, Sampson P. An implicit model of consumer behaviour [J]. Journal of the Market Research Society, 1995, 37 (1): 51 – 67.

[164] Hosany S, Ekinci Y, Uysal M. Destination image and destination personality: An application of branding theories to tourism places [J]. Journal of Business Research, 2006, 59 (5): 638 – 642.

[165] Hosany S, Ekinci Y, Uysal M. Destination image and destination personality [J]. International Journal of Culture Tourism & Hospitality Research, 2013, 1 (1): 62 – 81.

[166] Hudson S, Ritchie B. Branding a memorable destination experience: the case of brand Canada [J]. International Journal of Tourism Research, 2009, 11 (2): 217 – 228.

[167] Hui T K, Tai W D W. Singapore's image as a tourist destination [J].

International Journal of Tourism Research, 2010, 5 (4): 305 –313.

[168] Hui T K, Wan D. Predictive Model For Repeat Visitors To Singapore [M]. Advances in Hospitality and Leisure, 2006.

[169] Hunt, J. D. Image as a factor in tourism development [J]. Journal of Travel Research, 1975, 3 (3): 1 –7.

[170] Hunter W. The social construction of tourism online destination image: A comparative semiotic analysis of the visual representation of Seoul [J]. Tourism Management, 2016, 54: 221 –229.

[171] Jamal T B, Getz D. Collaboration theory and community tourism planning [J]. Annals of Tourism Research, 1995, 22 (1): 186 –204.

[172] Kapferer J N. Managing luxury brands [J]. Journal of Brand Management, 1997, 4 (4): 251 –259.

[173] Kassarjian H H. Personality and consumer behavior: A review [J]. Journal of Marketing Research, 1971, 8 (4): 409 –418.

[174] Kil N, et al. Place attachment as a mediator of the relationship between nature-based recreation benefits and future visit intentions [J]. Journal of Sustainable Tourism, 2012, 20 (4): 603 –626.

[175] Kim H, Richardson S L. Motion picture impacts on destination images [J]. Annals of Tourism Research, 2003, 30 (1): 216 –237.

[176] Kolter P A. Frame for marketing image management [J]. Sloan Manage Review, 1991, 32 (2): 94 –104.

[177] Konecnik M, Gartner W C. Customer-based brand equity for a destination [J]. Annals of Tourism Research, 2007, 34 (2): 400 –421.

[178] Konecnik M, Go F. Tourism destination brand identity: The case of Slovenia [J]. Journal of Brand Management, 2008, 15 (3): 177 –189.

[179] Konecnik Maja. Evaluating Slovenia's image as a tourism destination: A self-analysis process towards building a destination brand [J]. The Journal of Brand Management, 2004, (4): 307 –316.

[180] Jason K X, Roberto W A. How effective is advice from interested parties?: An experimental test using a pure coordination game [J]. Journal of Economic Behavior & Organization, 2007 (4): 591 – 604.

[181] Laws G. Spatiality and age relations [M]. Buckingham: Open University Press, 1997.

[182] Lee J J, Kyle G, Scott D. The Mediating Effect of Place Attachment on the Relationship between Festival Satisfaction and Loyalty to the Festival Hosting Destination [J]. Journal of Travel Research, 2012, 51 (6): 754 – 767.

[183] Leung D, Law R, Hoof H V, et al. Social Media in Tourism and Hospitality: A Literature Review [J]. Journal of Travel & Tourism Marketing, 2013, 30 (1 – 2): 3 – 22.

[184] Lew A A. Understanding Experiential Authenticity through the Best Tourism Places [J]. Tourism Geographies, 2011. 13 (4): 570 – 575.

[185] Light D. Tourism and toponymy: commodifying and consuming place names [J]. Tourism Geographies, 2014. 16 (1): 141 – 156.

[186] Mackay K J, Fesenmaier D R. Pictorial element of destination in image formation [J]. Annals of Tourism Research, 1997, 24 (3): 537 – 565.

[187] Maclaughlin J. Postmodern Geographies: The Reassertion of Space in Critical Social Theory [J]. Geographical Review, 1989, 18 (5): 803 – 805.

[188] Maestro R M H, Gallego P A M, Requejo L S. The moderating role of familiarity in rural tourism in Spain [J]. Tourism Management, 2007, 28 (4): 951 – 964.

[189] Maggie G. A new measure of brand personality [J]. Journal of Research in Marketing, 2009, 26: 97 – 107.

[190] March R. Rejoinder: The rhetoric and reality of yield at the destination level [J]. Tourism Economics, 2008, 14 (2): 435 – 438.

[191] McIntosh R W, Goeldner C R. Tourism: principles, practices, philosophies (6th ed) [M]. New York: John Wiley & Sons, 1990.

[192] Meyer J W, Rowan B. Institutionalized organizations: formal structures as myth and ceremony [J]. American Journal of Sociology, 1977, 83 (2): 340 - 363.

[193] Milman A, Pizam A. The role of awareness and familiarity with a destination: The Central Florida case (cover story) [J]. Journal of Travel Research, 1995, 33 (3): 21 - 27.

[194] Mira V L, Zinn G R, Silva J M A. Beliefs of health care professionals about training and institutional development actions [J]. International Journal of Nursing Didactics, 2015 (5): 4 - 12.

[195] Morgan N J, Pritchard A, Pride R, et al. Destination branding: creating the unique destination proposition [J]. Tourism Recreation Research, 2002, 30 (5), 112 - 113.

[196] Morgan N, Pritchard A, Piggott R. New Zealand, 100% pure. The creation of a powerful niche destination brand [J]. Journal of Brand Management, 2002, 9 (4): 335 - 354.

[197] Morgan, N J, Pritchard A, Piggott R. Destination branding and the role of stakeholders: the case of New Zealand [J]. Journal of Vacation Marketing, 2003, 9 (3): 285 - 299.

[198] Murphy L, Benckendorff P, Moscardo G. Linking travel motivation, tourist self-image and destination brand personality [J]. Journal of Travel & Tourism Marketing, 2007, 22 (2): 45 - 59.

[199] Murphy L, Moscardo G, Benckendorff P. Using brand personality to differentiate regional tourism destinations [J]. Journal of Travel Research, 2007, 46 (1): 5.

[200] North D C. Institutions, institutional change and economic performance: institutions [J]. Journal of Economic Behavior & Organization, 1990, 18 (1): 142 - 144.

[201] Osman I, Alwi S F S, Mokhtar I, et al. Integrating institutional the-

ory in determining corporate image of islamic banks [J]. Procedia – Social and Behavioral Sciences, 2015, 211 (25): 560 – 567.

[202] Park J, Stoel L. Effect of brand familiarity, experience and information on online apparel purchase [J]. International Journal of Retail & Distribution Management, 2008, 33 (2): 148 – 160.

[203] Pearce P L. Perceived changes in holiday destinations [J]. Annals of Tourism Research, 1982, 9 (2): 145 – 164.

[204] Pereira R, Correia A, Schutz R. Destination branding: a critical overview [J]. Journal of Quality Assurance in Hospitality & Tourism, 2012, 13 (2): 81 – 102.

[205] Peteraf M A. The cornerstones of competitive advantage: A resource-based view [J]. Strategic Management Journal, 1993, 14 (3): 179 – 191.

[206] Phelps A. Holiday destination image: The problem of assessment [J]. Tourism Management, 1986, 7 (3): 168 – 180.

[207] Pike S. Destination brand positions of a competitive set of near-home destinations [J]. Tourism Management, 2009, 30 (6): 857 – 866.

[208] Pike S. Tourism destination branding complexity [J]. Journal of Product & Brand Management, 2005, 14 (4): 258 – 259.

[209] Pratima B, Clelland I. Talking trash: legitimacy, impression management, and university risk in the context of the natural environment [J]. Academy of Management Journal, 2004, 47 (1): 93 – 103.

[210] Prayaga G, Ryan C. The relationship between the 'push' and 'pull' factors of a tourist destination: The role of nationality—an analytical qualitative research approach [J]. Current Issues in Tourism, 2011, 14 (2): 121 – 143.

[211] Pritchard Annette, Morgan Nigel – J. Culture, identity and tourism representation: marketing Cymru or Wales? [J]. Tourism Management, 2001 (2): 167 – 179.

[212] Ram Y, Bjork P A. Weidenfeld, Authenticity and place attachment

of major visitor attractions [J]. Tourism Management, 2016, 52: 110 – 122.

[213] Ricardo David. On the Principles of Political Economy and Taxation [M]. Kitchener: Batoche Books, 2001.

[214] Ritchie H. Starbucks sets a new level [J]. Foodservice Director, 1998, 11 (11): 156.

[215] Roldana F, Estebana B, Vala S. 3D animation of the transpyrenean corridor created by GIS tools [J]. Social and Behavioral Sciences, 2014, 16 (2): 244 – 253.

[216] Samsudin P Y, Maliki N Z. Preserving Cultural Landscape in Home-stay Programme Towards Sustainable Tourism: Brief Critical Review Concept [J]. Procedia – Social and Behavioral Sciences, 2015, 170: 433 – 441.

[217] Scannell L, Gifford R. Defining place attachment: a tripartite organizing framework [J]. Journal of Environmental Psychology, 2010, 30 (2): 1 – 10.

[218] Scott A J. Regions and the world economy [M]. London: Oxford University Press, 1998.

[219] Selin S, Beason K. Inter-organizational relations in tourism [J]. Annals of tourism research, 1991, 18 (4): 639 – 652.

[220] Sessa A. The science of systems for Tourism Development [J]. Annals of Tourism Research, 1988, 15 (2): 219 – 235.

[221] Sirakaya E, Woodside A G. Building and testing theories of decision making by travelers [J]. Tourism Management, 2005, 26 (6): 815 – 832.

[222] Stepchenkova S, Zhan F. Visual destination images of Peru: comparative content analysis of DMO and user-generated photography [J]. Tourism Management, 2013, 36 (2): 590 – 601.

[223] Suchman M C. Managing legitimacy: strategic and institutional approaches [J]. Academy of Management Review, 1995, 20 (3): 571 – 610.

[224] Tasci A, Gartner W C, Cavusgil S T. Measurement of destination brand bias using a quasi-experimental design [J]. Tourism Management, 2007,

28 (6): 1529 – 1540.

[225] Tasci A. Testing the cross-brand and cross-market validity of a consumer-based brand equity (CBBE) model for destination brands [J]. Tourism Management, 2018, 65 (17): 143 – 159.

[226] Timothy D J. Participatory planning: A view of tourism in Indonesia [J]. Annals of Tourism Research, 1999, 26 (2): 371 – 391.

[227] Tsai C S. Memorable Tourist Experiences and Place Attachment When Consuming Local Food [J]. International Journal of Tourism Research, 2016. 18 (6): 536 – 548.

[228] UNESCO. WHC. Operational guidelines for the implementation of the World Heritage Convention [R]. 2008

[229] UNWTO. Silk Road Action Plan [R]. 2010.

[230] Veal A J. The concept of lifestyle: A review [J]. Leisure Studies, 1993, 12 (4): 233 – 252.

[231] Virutamasen P, Wongpreedee K, Kumnungwut W. Strengthen brand association through SE: institutional theory revisited [J]. Procedia – Social and Behavioral Sciences, 2015, 195 (3): 192 – 196.

[232] Warren S, Thompson W. 'New Zealand 100% Pure' [J]. Locum Destination Review, 2000, 1, 22 – 26.

[233] Watts M. Collaborative implementation network structures: cultural tourism implementation in an English seaside context [J]. Systemic Practice and action Research, 2009, 22 (4): 293 – 311.

[234] Wernerfelt B. A resource – based view of the firm [J]. Strategic Management Journal, 1984, 5 (2): 171 – 180.

[235] Williams D R, Roggenbuck J W. Measuring place attachment: some preliminary results [C]. National Recreation and Park Association, 1989.

[236] Wong E, Mistilis N, Dwyer L. A framework for analyzing intergovernmental collaboration—the case of ASEAN tourism [J]. Tourism Management,

2011, 32 (2): 367 -376.

[237] Wong P Y, Mistilis N, Larry D. A model of Asean collaboration in tourism [J]. Annals of Tourism Research, 2011 (3): 882 -899.

[238] Wong P. The influence of destination competitiveness on customer-based brand equity [J]. Journal of Destination Marketing & Management, 2015, 4 (4): 206 -212.

[239] Xu J. A new nature-based tourism motivation model: Testing the moderating effects of the push motivation [J]. Tourism Management Perspectives, 2016, 18: 107 -110.

[240] Yeoman I, Durie A, McMahon - Beattie U, et al. Capturing the essence of a brand from its history: The case of Scottish tourism marketing [J]. Journal of Brand Management, 2005, 13 (2): 134 -147.

[241] Zhan H, Liu S, Shao Q. Evaluation of Eco-tourism Resources of Forest Nature Reserves Based On Grey Cluster Model [J]. Journal of Grey System, 2015, 27 (3): 249 -258.

[242] Zhang H, Fu X, Cai L A, et al. Destination image and tourist loyalty: a meta-analysis [J]. Tourism Management, 2014, 40 (3): 213 -223.

[243] Zhang P, Yu N. China's economic growth and structural transition since 1978 [J]. China Economist, 2018, (1): 22 -57.

[244] Zhou M, Deng F Q, Wu S. Coordination game model of co-opetition relationship on cluster supply chains [J]. Journal of Systems Engineering and Electronics, 2008 (3): 499 -506.

附　　录

附录 A　西北五省区目的地制度性效应调查问卷

尊敬的女士/先生：

您好！我们正在进行一项有关西北五省区目的地制度性行为效应的研究，感谢您在百忙之中抽空参与我们的问卷调研。本调查问卷采用不记名方式，调查问卷结果将仅用于学术研究，请您放心填答。感谢您的配合！

一、问卷描述

本问卷主要是想通过您对目的地制度性效应相关变量的评价和判断，研究西北五省区旅游目的地制度性行为对目的地品牌资产的影响过程。需要特别说明的是，目的地制度性行为主要是指西北五省区区域内的旅游目的地所签署和实施的一系列与"一带一路"倡议相关的制度性行为，如加入"丝绸之路旅游推广联盟""丝绸之路文旅产业联盟"等相关组织，或在营销推广中突出"一带一路""丝绸之路""丝路"等关键词的运用等相关行为。

本问卷共有 19 个题项，每个题项陈述后面使用数字"1"至"5"表示您的同意程度，"5"表示"非常同意"，"1"表示"完全不同意"。所有问题取决于您独立的判断，题目答案无所谓对错，请您按照自己的真实感受客观作答，在相应的答案下面画"√"。

二、问卷主体

请在下面的横线上自行填写一个您较为熟悉的西北五省区旅游目的地，为了方便您的填写，下面列示了几个具有代表性的旅游目的地作为提示，您可以参考。

西北五省区旅游区域中，您较为关注哪个景区？_____

例如：秦始皇兵马俑博物馆、华清池、青海湖、塔尔寺、鸣沙山、日月山、月牙泉、沙坡头、西夏王陵、敦煌莫高窟、麦积山石窟、天山、天池、喀纳斯湖……

根据您在上面所填写（或选择）的景区，请完成下面的测量题项：

序号		问题（以下题项中①～⑤表示"非常不同意"向"非常同意"依次渐进，即分值越大表示越同意），请在相应的框内打√	非常不同意←→非常同意
目的地制度性行为	Q1	该景区参加"一带一路"的相关协议和联盟能有效发挥资源优势和合力效应	①②③④⑤
	Q2	该景区参加"一带一路"的相关协议和联盟比不参加更能保障旅游产品和服务的质量	①②③④⑤
	Q3	该景区参加"一带一路"的相关协议和联盟有助于提升其提供高品质旅游产品和服务的意识	①②③④⑤
	Q4	该景区参加"一带一路"的相关协议和联盟对其自身的好处大于坏处	①②③④⑤
品牌合理性	Q5	该景区的产品和服务是令人满意的	①②③④⑤
	Q6	该景区的所作所为符合公众的期望	①②③④⑤
	Q7	该景区的产品和服务符合行业和社会规范	①②③④⑤
	Q8	该景区具有得天独厚的品牌资源	①②③④⑤
	Q9	该景区和我对景区的认知差不多	①②③④⑤

续表

序号		问题（以下题项中①~⑤表示"非常不同意"向"非常同意"依次渐进，即分值越大表示越同意），请在相应的框内打√	非常不同意←→非常同意
品牌价值	Q10	该景区价格合理	①②③④⑤
	Q11	参观该景区，比起我花的钱，我得到了更多	①②③④⑤
	Q12	在这个价位内，该景区是一个旅游的好选择	①②③④⑤
	Q13	总体上，我认为来该景区旅游是物有所值的	①②③④⑤
	Q14	较之我付出的金钱、时间和精力，我感觉来该景区是值得的	①②③④⑤
品牌忠诚	Q15	我对该景区很依恋	①②③④⑤
	Q16	我很喜欢该景区	①②③④⑤
	Q17	相比其他景区，该景区对我具有更强的吸引力	①②③④⑤
	Q18	我愿意再次来该景区旅游	①②③④⑤
	Q19	我会推荐其他人来该景区旅游	①②③④⑤

三、个人基本信息

下面是关于您个人基本情况的描述，请您根据实际情况在相应选项上打"√"或在横线上面按要求进行填写。

1. 您的性别：①男　②女

2. 您的年龄：_____

①16~25岁　②26~35岁　③36~45岁　④45岁以上

3. 您是否去过您刚才所填写的景区或目的地：_____

①是　②否

4. 您的受教育程度：_____

①高中/中专及以下　②大专/本科　③研究生及以上

5. 您的月收入（学生为月均消费）：_____

①0~5000元　②5001~10000元　③10001~20000元　④20000元以上

再次感谢您对我们研究的支持！

附录 B　西北五省区旅游品牌基因筛选指标专家调查问卷

尊敬的专家：

您好！感谢您能抽出宝贵的时间参与我们的调研。请根据您的专业知识对西北五省区旅游品牌基因筛选模型的各项指标的相对重要性进行评定。本次调研采用不记名方式，调查问卷结果将仅用于学术研究，请您放心填答。您宝贵的意见和判断对我们的研究非常重要，谢谢合作！

一、个人基本信息

下面是关于您个人基本情况的描述，请您根据实际情况在相应选项上打"√"或在横线上面按要求进行填写。

1. 您的性别：①男　②女

2. 您的职业：_____

3. 您的年龄：_____

①16～25 岁　②26～35 岁　③36～45 岁　④45 岁以上

4. 您的工作年限：_____

①5 年以下　②5～10 年　③10 年以上

5. 您是否去过西北五省区或其中任何一个省份旅游：_____

①是　②否

6. 您的受教育程度：_____

①高中/中专及以下　②大专/本科　③研究生及以上

二、问题描述

此次调研的目的是对西北五省区旅游品牌基因筛选（"三力"RAC 基因筛选模型）的各项指标进行研究，并使用层次分析法确定指标体系的权重。层次模型如下图所示：

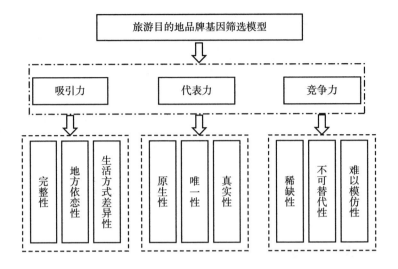

三、问卷说明

此问卷的目的是确定西北五省区旅游品牌"三力"（RAC）模型中各指标的相对权重。衡量尺度划分为9个等级，其中，9、7、5、3、1的数值分别对应绝对重要、十分重要、比较重要、同等重要；8、6、4、2表示重要程度介于相邻的两个等级之间。靠左边的等级单元格表示左边因素比右边因素重要，靠右边的等级单元格表示右边因素比左边因素重要。根据您的看法，在相应的单元格上画"√"即可。

两两比较相对重要性	分值
表示两个元素相比，有同样的重要性	1
表示两个元素相比，前者比后者稍重要	3
表示两个元素相比，前者比后者明显重要	5
表示两个元素相比，前者比后者强烈重要	7
表示两个元素相比，前者比后者极端重要	9
重要表示上述相邻判断的中间值	2、4、6、8
若元素 i 与元素 j 重要性之比为 aij，那么元素 j 与元素 i 重要性之比为 $aji = 1/aij$	倒数

四、问卷内容

根据您的理解，对以下西北五省区旅游品牌筛选的评价指标的相对重要性进行打分。

吸引力	9	8	7	6	5	4	3	2	1	2	3	4	5	6	7	8	9	竞争力
代表力	9	8	7	6	5	4	3	2	1	2	3	4	5	6	7	8	9	代表力
竞争力	9	8	7	6	5	4	3	2	1	2	3	4	5	6	7	8	9	代表力

评估"吸引力"的相对重要性，下列各组两两比较要素，对于"西北五省区旅游品牌基因筛选"的相对重要性如何？

完整性	9	8	7	6	5	4	3	2	1	2	3	4	5	6	7	8	9	地方依恋性
完整性	9	8	7	6	5	4	3	2	1	2	3	4	5	6	7	8	9	生活方式差异性
地方依恋性	9	8	7	6	5	4	3	2	1	2	3	4	5	6	7	8	9	生活方式差异性

评估"代表力"的相对重要性，下列各组两两比较要素，对于"西北五省区旅游品牌基因筛选"的相对重要性如何？

原生性	9	8	7	6	5	4	3	2	1	2	3	4	5	6	7	8	9	唯一性
原生性	9	8	7	6	5	4	3	2	1	2	3	4	5	6	7	8	9	真实性
唯一性	9	8	7	6	5	4	3	2	1	2	3	4	5	6	7	8	9	真实性

评估"竞争力"的相对重要性，下列各组两两比较要素，对于"西北五省区旅游品牌基因筛选"的相对重要性如何？

稀缺性	9	8	7	6	5	4	3	2	1	2	3	4	5	6	7	8	9	不可替代性
稀缺性	9	8	7	6	5	4	3	2	1	2	3	4	5	6	7	8	9	难以模仿性
不可替代性	9	8	7	6	5	4	3	2	1	2	3	4	5	6	7	8	9	难以模仿性

再次感谢您对我们研究的支持！

附录 C 西北五省区旅游品牌基因体现度调查问卷

尊敬的女士/先生：

您好！感谢您抽出宝贵的时间参与我们的调研。我们提取了西北丝绸之路旅游区域的八大旅游地格因子，分别为"美丽的""神奇的""壮观的""古老的""神秘的""西域风情的""肃穆的"和"热情的"。通过设计李克特 5 级量表来反映上述八大因子对西北五省区旅游品牌基因筛选模型中指标的体现度。问卷采用不记名形式，收集数据仅供研究团队用于专门的学术研究。请您按照自己的真实感受进行打分。感谢您的配合！

一、问卷描述

本书提取了西北丝绸之路旅游区域的八大旅游地格因子，分别为"美丽的""神奇的""壮观的""古老的""神秘的""西域风情的""肃穆的"和"热情的"，此调查问卷是要确定这八大因子对西北五省区旅游品牌基因筛选模型中二级指标的体现度（品牌基因筛选模型指标见下表）。采用李克特 5 级量表打分，其中，"1"表示十分不体现，"5"表示十分体现。注意，数值越大，体现度越强。

旅游目的地品牌基因筛选指标体系

目标层	一级指标	二级指标
旅游目的地品牌基因筛选指标体系	吸引力	完整性
		地方依恋性
		生活方式差异性
	代表力	原生性
		唯一性
		真实性
	竞争力	稀缺性
		不可替代性
		难以模仿性

二、问卷主体

二级指标 八大因子	完整性					地方 依恋性					生活方式 差异性					原生性					唯一性					真实性					稀缺性					不可 替代性					不可 模仿性				
美丽的	1	2	3	4	5	1	2	3	4	5	1	2	3	4	5	1	2	3	4	5	1	2	3	4	5	1	2	3	4	5	1	2	3	4	5	1	2	3	4	5	1	2	3	4	5
神奇的	1	2	3	4	5	1	2	3	4	5	1	2	3	4	5	1	2	3	4	5	1	2	3	4	5	1	2	3	4	5	1	2	3	4	5	1	2	3	4	5	1	2	3	4	5
壮观的	1	2	3	4	5	1	2	3	4	5	1	2	3	4	5	1	2	3	4	5	1	2	3	4	5	1	2	3	4	5	1	2	3	4	5	1	2	3	4	5	1	2	3	4	5
古老的	1	2	3	4	5	1	2	3	4	5	1	2	3	4	5	1	2	3	4	5	1	2	3	4	5	1	2	3	4	5	1	2	3	4	5	1	2	3	4	5	1	2	3	4	5
神秘的	1	2	3	4	5	1	2	3	4	5	1	2	3	4	5	1	2	3	4	5	1	2	3	4	5	1	2	3	4	5	1	2	3	4	5	1	2	3	4	5	1	2	3	4	5
西域 风情的	1	2	3	4	5	1	2	3	4	5	1	2	3	4	5	1	2	3	4	5	1	2	3	4	5	1	2	3	4	5	1	2	3	4	5	1	2	3	4	5	1	2	3	4	5
肃穆的	1	2	3	4	5	1	2	3	4	5	1	2	3	4	5	1	2	3	4	5	1	2	3	4	5	1	2	3	4	5	1	2	3	4	5	1	2	3	4	5	1	2	3	4	5
热情的	1	2	3	4	5	1	2	3	4	5	1	2	3	4	5	1	2	3	4	5	1	2	3	4	5	1	2	3	4	5	1	2	3	4	5	1	2	3	4	5	1	2	3	4	5
休闲	1	2	3	4	5	1	2	3	4	5	1	2	3	4	5	1	2	3	4	5	1	2	3	4	5	1	2	3	4	5	1	2	3	4	5	1	2	3	4	5	1	2	3	4	5

三、个人基本信息

下面是关于您个人基本情况的描述，请您根据实际情况在相应选项上打"√"或在横线上面按要求进行填写。

1. 您的性别：①男　②女

2. 您的职业：_____

3. 您的年龄：_____

①16~25 岁　②26~35 岁　③36~45 岁　④45 岁以上

4. 您是否去过西北五省区或其中任何一个省份旅游：_____

①是　②否

5. 您的受教育程度：_____

①高中/中专及以下　②大专/本科　　③研究生及以上

6. 您的月收入（学生为月均消费）：_____

①0~5000 元　②5001~10000 元　③10001~20000 元　④20000 元以上

再次感谢您对我们研究的支持！

附录 D　西北五省区旅游品牌评价指标体系专家问卷

尊敬的专家：

您好！感谢您抽出宝贵的时间参与我们的调研。科学合理的测评指标体系是对西北五省区旅游品牌科学评价的基础。本书构建了评价西北五省区旅游品牌的 33 个指标，采用 5 分制对各项指标的重要性进行判断，其中，"1"表示十分不重要、"2"表示"不重要"、"3"表示不确定、"4"表示重要、"5"表示十分重要。请根据您的专业知识对各项指标的重要程度进行打分。问卷采用不记名形式，数据仅供研究团队用于专门的学术研究。您的专业判断对我们的研究非常重要，谢谢合作！

一、个人基本信息

下面是关于您个人基本情况的描述，请您根据实际情况在相应选项上打"√"或在横线上面按要求进行填写。

1. 您的性别：①男　②女

2. 您的职业：＿＿＿＿＿＿

3. 您的年龄：＿＿＿＿＿＿

①16～25 岁　②26～35 岁　③36～45 岁　④45 岁以上

4. 您的工作年限：＿＿＿＿＿＿

①5 年以下　②5～10 年　③10 年以上

5. 您是否去过西北五省区或其中任何一个省份旅游：＿＿＿＿＿＿

①是　②否

6. 您的受教育程度：＿＿＿＿＿＿

①高中/中专及以下　②大专/本科　③研究生及以上

二、问卷主体

根据您的专业判断，对西北五省区旅游品牌评价体系的三级指标（指标层）的重要性进行判断，根据判断结果，在相应单元格上画"√"即可。

目标层	准则层	要素层	指标层		指标重要程度打分				
西北五省区旅游品牌评价指标体系 U	游客感知视角 A	形象感知 A1	A11	主题口号	1	2	3	4	5
			A12	宣传标识	1	2	3	4	5
			A13	品牌知名度	1	2	3	4	5
			A14	品牌美誉度	1	2	3	4	5
			A15	目的地印象	1	2	3	4	5
		心理感知 A2	A21	居民友好程度	1	2	3	4	5
			A22	地域文化特色	1	2	3	4	5
			A23	公众安全感	1	2	3	4	5
			A24	品牌满意度	1	2	3	4	5
			A25	品牌忠诚度	1	2	3	4	5
	品牌构建视角 B	旅游资源 B1	B11	旅游资源特色	1	2	3	4	5
			B12	旅游资源观赏性	1	2	3	4	5
			B13	旅游资源保护程度	1	2	3	4	5
			B14	旅游产品独特性	1	2	3	4	5
			B15	旅游产品性价比	1	2	3	4	5
		旅游设施 B2	B21	旅游餐饮环境	1	2	3	4	5
			B22	旅游住宿环境	1	2	3	4	5
			B23	旅游交通环境	1	2	3	4	5
			B24	旅游购物环境	1	2	3	4	5
			B25	文娱活动环境	1	2	3	4	5
			B26	景区引导标识	1	2	3	4	5

续表

目标层	准则层	要素层	指标层		指标重要程度打分				
西北五省区旅游品牌评价指标体系 U	品牌构建视角 B	旅游服务 B3	B31	反馈投诉机制	1	2	3	4	5
			B32	旅游咨询服务	1	2	3	4	5
			B33	导游服务质量	1	2	3	4	5
			B34	公共卫生环境	1	2	3	4	5
		品牌维护 B4	B41	旅游行业协会建设水平	1	2	3	4	5
			B42	旅游危机处理机制	1	2	3	4	5
			B43	品牌法律保护	1	2	3	4	5
			B44	品牌发展规划	1	2	3	4	5
	经济效果视角 C	品牌产业绩效 C1	C11	旅游总收入增长率	1	2	3	4	5
			C12	旅游接待人次增长率	1	2	3	4	5
			C13	旅游收入占 GDP 比重	1	2	3	4	5
			C14	旅游就业乘数	1	2	3	4	5

再次感谢您对我们研究的支持！

附录 E　西北五省区旅游品牌评价
指标相对重要性打分问卷

尊敬的专家：

您好！感谢您抽出宝贵的时间参与我们的调研。本书构建了西北五省区旅游品牌评价指标体系。请您根据指标体系和比例标度表对指标间的相对重要性作出判断，并依据比例标度给出分数。本次问卷采用不记名形式，收集数据仅供研究团队用于专门的学术研究。您的专业判断对我们的研究非常重要，感谢您的支持！

一、问卷说明

请您根据专业知识，对各指标两两比较其相对重要性，然后进行打分，打分标准如下表：

两两比较相对重要性	分值
表示两个元素相比，有同样的重要性	1
表示两个元素相比，前者比后者稍重要	3
表示两个元素相比，前者比后者明显重要	5
表示两个元素相比，前者比后者强烈重要	7
表示两个元素相比，前者比后者极端重要	9
重要表示上述相邻判断的中间值	2、4、6、8
若元素 i 与元素 j 重要性之比为 a_{ij}，那么元素 j 与元素 i 重要性之比为 $a_{ji} = 1/a_{ij}$	倒数

二、问卷内容

（1）评价指标体系。

西北五省区旅游品牌评价指标体系

目标层	准则层	要素层	指标层	
西北五省区旅游品牌评价指标体系 U	游客感知视角 A	形象感知 A1	A11	主题口号
			A12	宣传标识
			A13	品牌知名度
			A14	品牌美誉度
		心理感知 A2	A21	居民友好程度
			A22	地域文化特色
			A23	公众安全感
			A24	品牌满意度
			A25	品牌忠诚度
	品牌构建视角 B	旅游资源 B1	B11	旅游资源特色
			B12	旅游资源观赏性
			B13	旅游资源保护程度
			B14	旅游产品独特性
		旅游设施 B2	B21	旅游餐饮环境
			B22	旅游住宿环境
			B23	旅游交通环境
			B24	旅游购物环境
			B25	文娱活动环境
		旅游服务 B3	B31	反馈投诉机制
			B32	旅游咨询服务
			B33	导游服务质量
		品牌维护 B4	B41	旅游行业协会建设水平
			B42	旅游危机处理机制
			B43	品牌法律保护
			B44	品牌发展规划
	经济效果视角 C	品牌产业绩效 C1	C11	旅游总收入增长率
			C12	旅游接待人次增长率
			C13	旅游收入占 GDP 比重
			C14	旅游就业乘数

（2）指标相对重要性（判断矩阵）打分。

准则层重要性比较

西北五省区旅游品牌评价	游客感知	品牌构建	经济效果
游客感知	1		
品牌构建		1	
经济效果			1

要素层（A－A）重要性比较

游客感知	形象感知	心理感知
形象感知	1	
心理感知		1

要素层（B－B）重要性比较

品牌构建	旅游资源	旅游设施	旅游服务	品牌维护
旅游资源	1			
旅游设施		1		
旅游服务			1	
品牌维护				1

指标层（A－A1）重要性比较

形象感知	主题口号	宣传标识	品牌知名度	品牌美誉度
主题口号	1			
宣传标识		1		
品牌知名度			1	
品牌美誉度				1

指标层（A－A2）重要性比较

心理感知	居民友好程度	地域文化特色	公众安全感	品牌满意度	品牌忠诚度
居民友好程度	1				
地域文化特色		1			
公众安全感			1		
品牌满意度				1	
品牌忠诚度					1

指标层（B－B1）重要性比较

旅游资源	旅游资源特色	旅游资源观赏性	旅游资源保护程度	旅游产品特色
旅游资源特色	1			
旅游资源观赏性		1		
旅游资源保护程度			1	
旅游产品特色				1

指标层（B－B2）重要性比较

旅游设施	旅游餐饮环境	旅游住宿环境	旅游交通环境	旅游购物环境	文娱活动环境
旅游餐饮环境	1				
旅游住宿环境		1			
旅游交通环境			1		
旅游购物环境				1	
文娱活动环境					1

指标层（B－B3）重要性比较

旅游服务	反馈投诉机构	旅游咨询服务	导游服务质量
反馈投诉机构	1		

续表

旅游服务	反馈投诉机构	旅游咨询服务	导游服务质量
旅游咨询服务		1	
导游服务质量			1

指标层（B‑B4）重要性比较

品牌维护	行业协会建设水平	旅游危机处理机制	品牌法律保护	品牌发展规划
行业协会建设水平	1			
旅游危机处理机制		1		
品牌法律保护			1	
品牌发展规划				1

指标层（C‑C1）重要性比较

经济效果	旅游总收入	旅游接待人次	旅游收入占 GDP 比重	旅游就业乘数
旅游总收入增长率	1			
旅游接待人次增长率		1		
旅游收入占 GDP 比重			1	
旅游就业乘数				1

三、个人基本信息

下面是关于您个人基本情况的描述，请您根据实际情况在相应选项上打"√"或在横线上面按要求进行填写。

1. 您的性别：①男　②女

2. 您的职业：_____

3. 您的年龄：_____

①16～25 岁　②26～35 岁　③36～45 岁　④45 岁以上

4. 您的工作年限：_____

①5 年以下　②5～10 年　③10 年以上

5. 您是否去过西北五省区或其中任何一个省份旅游：_____

①是　②否

6. 您的受教育程度：_____

①高中/中专及以下　②大专/本科　③研究生及以上

　　　　　　　　　　　　感谢您拨冗填写，祝您工作顺利，平安喜乐！

附录 F　游客视角下西北五省区旅游品牌评价调查表

尊敬的女士/先生：

您好！感谢您在百忙之中抽空参与我们的问卷调研。请您根据在西北丝绸之路旅游过程中的真实体验，对西北五省区旅游品牌进行评价，结合评价指标给出具体分值，以便我们能够准确地判断现阶段西北五省区旅游品牌的发展情况。问卷采用不记名形式，收集数据仅供研究团队用于专门的学术研究，请您放心填答。感谢您的协助！

一、个人基本信息

下面是关于您个人基本情况的描述，请您根据实际情况在相应选项上打"√"或在横线上面按要求进行填写。

1. 您的性别：①男　②女

2. 您的职业：＿＿＿＿＿＿

3. 您的年龄：＿＿＿＿＿＿

①16～25 岁　②26～35 岁　③36～45 岁　④45 岁以上

4. 您的工作年限：＿＿＿＿＿＿

①5 年以下　②5～10 年　③10 年以上

5. 您的受教育程度：＿＿＿＿＿＿

①高中/中专及以下　②大专/本科　③研究生及以上

二、过滤性问题

您是否去过西北丝绸之路旅游区（陕西省、甘肃省、宁夏回族自治区、青海省和新疆维吾尔自治区，或其中的任何一个省份）旅游？请您在相应的答案下面画"√"。

①是（请继续填答下面问卷）；②否（请停止填答问卷，谢谢）。

三、西北五省区旅游品牌评价打分

评价指标	指标打分标准	指标打分 （请填写具体分值，满分100分）				
		优 85~100	良 75~85	中 60~75	差 30~60	劣 0~30
主题口号	宣传口号是否具有吸引力，能够反映当地旅游特色					
宣传标识	宣传标识是否具有独特性、简单性、记忆性特点					
品牌知名度	西北丝绸之路的名气					
品牌美誉度	西北丝绸之路的认同度					
居民友好程度	当地居民的热情好客程度					
地域文化特色	西北丝绸之路的旅游资源特色					
公众安全感	区域的治安水平好坏					
品牌满意度	旅行体验的好坏，是否满足预期					
品牌忠诚度	是否愿意再次旅游，是否具有推荐意愿					
旅游餐饮环境	就餐环境和条件好坏					
旅游住宿环境	住宿条件和住宿性价比					
旅游交通环境	出游交通的便利程度					
旅游购物环境	购物条件是否完善，购物场所的多少，商品定价的合理性					
文娱活动环境	文娱节目的数量多少和质量水平高低					
反馈投诉机制	能否及时处理游客投诉事件，能否及时合理地解决游客投诉					
旅游咨询服务	面对游客旅游咨询时所能提供信息的数量、质量和速度					
导游服务质量	导游的专业知识、服务能力、服务态度					

感谢您拨冗填写，祝您工作顺利，平安喜乐！

附录 G 专家视角下西北五省区
旅游品牌评价调查表

尊敬的专家：

您好！感谢您在百忙之中抽空参与我们的问卷调研。请您根据专业知识对西北五省区旅游品牌进行评价，结合评价指标给出具体分值，以便我们能够准确地判断现阶段西北五省区旅游品牌的发展情况。问卷采用不记名形式，收集数据仅供研究团队用于专门的学术研究，请您放心填答。您宝贵的意见和判断对我们的研究非常重要，感谢您的协助！

一、个人基本信息

下面是关于您个人基本情况的描述，请您根据实际情况在相应选项上打"√"或在横线上面按要求进行填写。

1. 您的性别：①男　②女

2. 您的职业：_____

3. 您的年龄：_____

①16～25 岁　②26～35 岁　③36～45 岁　④45 岁以上

4. 您的工作年限：_____

①5 年以下　②5～10 年　③10 年以上

5. 您是否去过西北五省区或其中任何一个省份旅游：_____

①是　②否

6. 您的受教育程度：_____

①高中/中专及以下　②大专/本科　③研究生及以上

二、西北五省区旅游品牌评价打分

评价指标	指标打分标准	指标打分 （请填写具体分值，满分100分）				
		优 85~100	良 75~85	中 60~75	差 30~60	劣 0~30
旅游资源 特色	旅游资源是否有特色，是否具备核心 竞争力					
旅游资源 观赏性	区域内旅游资源是否丰富多样，是否 具备可欣赏性					
旅游资源 保护程度	旅游资源是否完整，是否受损					
旅游产品 独特性	旅游区内旅游产品与其他目的地旅游 产品的差异性					
旅游行业协会 建设水平	旅游区内行业协会组织体系的完善程 度以及对西北五省区旅游品牌建设的 贡献程度					
旅游危机 处理机制	旅游区内所设置的品牌危机管理机 构、危机预案等完善情况					
品牌法律 保护	西北五省区旅游品牌的商标注册情 况、区域旅游品牌法律层面的保护情 况的高低					
品牌发展 规划	西北五省区旅游品牌的发展规划、实 施方案、方案人财务配备情况					
旅游收入 增长率	西北五省区的旅游收入增长情况和变 化程度大小。 以下数据作为判断参考信息： 2019年，西北五省区的旅游收入增 长率分别为：陕西20.3%，新疆 40.8%，甘肃30%，青海20.4%，宁 夏15%；平均25.3%，全国平均11%					

续表

评价指标	指标打分标准	指标打分 （请填写具体分值，满分100分）				
		优 85～100	良 75～85	中 60～75	差 30～60	劣 0～30
旅游接待 人次增长率	西北五省区旅游接待人次的增长情况和变化程度。 以下数据作为判断参考信息： 2019年，西北五省区的旅游接待人次增长率分别为：陕西12.2%，新疆41.96%，甘肃22.5%，青海19.8%，宁夏19.92%；平均23.28%，全国平均8.4%					
旅游收入占 GDP比重	按照等级级别，当 $P \geqslant 30\%$ 为优等级，$20\% \leqslant P < 30\%$ 为良等级，$10\% \leqslant P < 20\%$ 为中等级，$5\% \leqslant P < 10\%$ 为差等级，$P < 5\%$ 为劣等级。 以下数据作为判断参考信息： 2019年，西北五省区旅游收入占GDP比重分别为：陕西27.96%，新疆26.72%，甘肃29.92%，青海18.93%，宁夏9.1%；平均26.16%，全国平均4.56%					
旅游就业乘数	区域内就业乘数的高低					

感谢您拨冗填写，祝您工作顺利，平安喜乐！

后　记

　　对于旅游品牌的研究，不仅需要研究者掌握系统的营销学、管理学、旅游学等学科知识，而且需要应用诸多旅游营销分析的工具和方法，还需要在把握国内外旅游品牌的发展趋势和脉络的基础上，以明晰、规范的表示方式阐述旅游品牌、品牌基因、地格、区域旅游品牌等核心概念。需要特别指出的是，随着旅游产品同质化现象越来越明显，区域联合打造旅游品牌已经成为一种趋势，这就需要合理的区域旅游品牌共建、共享机制，并构建完善的区域旅游品牌评价模型，确保区域旅游品牌的持续竞争力，进一步提升区域旅游经济的协调发展。本书以西北五省区为研究案例来强化对区域旅游品牌的认知和理解，将研究范围从单个区域扩展到多个同质区域，扩展了区域旅游研究的空间范围，为解决多区域旅游合作提供了新的理论分析框架，并能够为旅游目的地品牌基因选择实践提供科学、系统、简单的操作工具，指导旅游目的地管理机构的品牌建设实践。最后，通过案例分析，使得读者能够举一反三，灵活掌握和运用区域旅游品牌塑造的基本理论和方法。

　　在本书编写过程中，诸多学者和专家的论述和阐释，给了我重要的启示和帮助；大量的材料和数据整理也得益于许多著作、论文的成果，对此表示深深的敬意和由衷的感谢。

　　由于本人学识有限，书中定有不妥之处，真诚希望各位专家、学者提出宝贵意见。

韩慧林

2022 年 4 月